Das große illustrierte Buch der

Kleintiere

Das große illustrierte Buch der

Kleintiere

von Tierarzt Dr. Wolf Kaser

MOEWIG

Inhalt

Einleitung 7

Heimtiere als Hausgenossen . . 7
Welches Tier paßt zu mir? 7
Kinder 8
Andere Tiere. 9
Urlaub 11
Welche Gefahren
lauern in der Wohnung? 12
Anschaffung 13
Wo kauft man ein Heimtier? . . 13
Gesundheits-Check 14
Der Weg ins neue Zuhause. . . 16
Der Tod des Heimtiers 17

Das Chinchilla 18
Domestikation 19
Art und Wesen 19
Haltung und Pflege 19
Ernährung 23
Krankheiten 23

Der Degu. 28
Domestikation 28
Art und Wesen 28
Haltung und Pflege 28
Ernährung 32
Krankheiten 33

Die Ratte hat erst vor kurzer Zeit den Weg in die Herzen der Heimtierliebhaber gefunden. Kaum ein anderes Tier war mit so vielen Vorurteilen behaftet wie dieser Nager. Heute wissen gerade viele jugendliche Pfleger die Intelligenz und Anhänglichkeit dieser Tiere zu schätzen.

Das Frettchen 36
Domestikation 37
Art und Wesen 37
Haltung und Pflege 37
Ernährung 39
Krankheiten 39

Der Gerbil 44
Domestikation 45
Art und Wesen 45
Haltung und Pflege 45
Ernährung 46
Krankheiten 48

Der Hamster 52
Domestikation 53
Art und Wesen 53
Haltung und Pflege 53
Ernährung 57
Krankheiten 58

Das Hörnchen 62
Domestikation 63
Art und Wesen 63
Haltung und Pflege 63
Ernährung 64
Krankheiten 66

Der Igel. 68
Art und Wesen 68
Haltung und Pflege 68
Ernährung 70
Krankheiten 71

Das Kaninchen. 76
Domestikation 77
Art und Wesen 77
Haltung und Pflege 77
Ernährung 80
Krankheiten 80

Die Maus. 86
Domestikation 87
Art und Wesen 87
Haltung und Pflege 87
Ernährung 91
Krankheiten 94

Das Meerschweinchen . . . 96
Domestikation 97
Art und Wesen 97
Haltung und Pflege 97
Ernährung 99
Krankheiten 101

Die Ratte 106
Domestikation 107
Art und Wesen 107
Haltung und Pflege 107
Ernährung 111
Krankheiten 111

Der Skunk 116
Domestikation 117
Art und Wesen 117
Haltung und Pflege 117
Ernährung 118
Krankheiten 119

Einleitung

Bei artgerechter Haltung und der richtigen Pflege machen Kleintiere ihrem Halter sehr viel Freude und bereichern sein Leben durch ihren Witz, ihre Intelligenz und ihre Flinkheit.
Heimtiere gelten gemeinhin als leicht zu haltende Pfleglinge, die nicht viel Platz brauchen und wenig Geld kosten. Sie werden vor allem oft Kindern zum Geschenk gemacht, damit sie Verantwortungsgefühl entwickeln und den Umgang mit Tieren lernen. Dabei muß man aber bedenken, daß es bei den meisten Heimtierarten nicht einfach mit einem Käfig und etwas Einstreu getan ist. Viele Heimtiere sind bei Einzelhaltung unglücklich, andere dagegen vertragen die Gesellschaft von Artgenossen überhaupt nicht. Die Ansprüche im Hinblick auf Auslauf, Ernährung und Unterbringung sind durchaus verschieden. Es ist für den verantwortungsbewußten Tierhalter also wichtig, sich Kenntnisse über die Eigenschaften und Gewohnheiten der possierlichen Hausgenossen zu verschaffen und auch darüber, welche Krankheiten sie bekommen können.
Gerade den Tierärzten fällt auf, daß erkrankte Kleinsäuger oft erst dann in der Praxis vorgestellt werden, wenn eine Krankheit bereits weit fortgeschritten und lebensbedrohlich ist. Das beginnt bei fehlgerichteten Zähnen, die durch ihr ungehindertes Längenwachstum tiefe Wunden in der Mundhöhle verursachen und die Nahrungsaufnahme unmöglich machen, und endet bei Verletzungen, die sich bereits zu Eiterherden entwickeln konnten und das Tier durch Fieber schwächen.
Nicht von ungefähr hat die Bundestierärztekammer das Heimtier zum »zu schützenden Tier des Jahres 1999« gewählt. Damit ist es in der Reihe dieser traurigen Auszeichnung – wie 1995 der gewerblich gehaltene Vogel Strauß, 1996 die Hundequalzüchtungen und 1997 die Tiere auf dem Transport – der vierte Fall von Tieren, auf den die Bundestierärztekammer im Sinne des Tierschutzes aufmerksam machen will.
Fälle wie Rennmäuse und Meerschweinchen, die in viel zu kleinen Käfigen in Einzelhaft gehalten werden, und Hamster, deren Käfig einem unaufgeräumten Spielzimmer gleicht, was keinesfalls artgerechter Haltungsform entspricht, machen das Bestreben der Bundestierärztekammer verständlich.
Dieses Buch soll den Neulingen in der Kleinsäugerhaltung helfen, sich für das passende Tier zu entscheiden. Es stellt die einzelnen Arten vor und macht klar, worauf es bei Haltung und Pflege ankommt.

Heimtiere als Hausgenossen

Welches Tier paßt zu mir?

Vor der Anschaffung sollte man genau überlegen, welchem Tier man am ehesten ein angenehmes und artgerechtes Zuhause bieten kann.
Da ist meist die Frage nach dem Platzbedarf. Kaninchen und Meer-

***Bild linke Seite:* Der große Eigenbrötler unter den Kleinsäugetieren ist der Hamster. Er braucht keinen großen Trubel um sich herum, sondern beschäftigt sich gerne allein.**

Vom begehrten Pelztier zum beliebten Heimtier. Chinchillas gelten als besonders reinlich und sensibel. Großer Streß macht diese Tiere krank, und es kann sogar passieren, daß sie vor Aufregung ihr schönes Fell verlieren.

schweinchen brauchen einen relativ geräumigen Käfig, Streifenhörnchen gar eine Voliere, während zum Beispiel der Hamster an seine Käfiggröße noch die geringsten Ansprüche stellt. Richtig glücklich sind Kaninchen und Meerschweinchen auch erst dann, wenn sie die warme Jahreszeit in einem Freigehege auf einer grünen Wiese verbringen können.

Viele Heimtiere sind Rudeltiere, für die Gesellschaft lebenswichtig ist. Wenn man sich trotzdem für die Einzelhaltung eines solchen Tieres, zum Beispiel eines Kaninchens, entscheidet, muß wenigstens sichergestellt sein, daß sich jemand regelmäßig mit dem Tier beschäftigt. Die intelligente Ratte braucht nicht nur Abwechslung, sie hat auch ein natürliches Bedürfnis nach sozialem Kontakt und Körperwärme. Der eigenbrötlerische Hamster hingegen verübelt es nicht, wenn die abendliche Spielstunde einmal ausfällt, denn er kann sich gut mit sich selbst beschäftigen.

Kinder

Oft wird ein Heimtier nur angeschafft, um einem Kind eine Freude zu machen. Hier ist die Frage nach dem richtigen Pflegling von großer Bedeutung, weil sich nicht alle Haustiere (auch) für Kinder eignen. Nicht alle Haustiere sind Schmuse- und Streicheltiere. Meerschweinchen, Kaninchen und Gerbils lassen sich zum Beispiel häufiges Anfassen und ausgiebige Streicheleinheiten eher gefallen als Streifenhörnchen, Chinchillas oder Mäuse.

Tiere haben einen anderen Tagesablauf als Menschen. Einige Tiere haben ihre aktive Zeit eher am Abend oder in den Morgenstunden. Ein Hamster schläft vielleicht gerade dann, wenn ein Kind mit ihm spielen will. Das Kind muß dagegen gerade dann ins Bett, wenn der Hamster sein weich gepolstertes Nest voller Energie und Tatendrang verläßt.

Die allgemeine Regel lautet, daß ein Kind erst im Alter zwischen zehn und zwölf Jahren die Bedürfnisse eines Tieres verstehen und Verantwortung übernehmen kann.

Ist es richtig, einem Kind ein Tier, das nicht sehr alt wird, zu schenken? Ist es richtig, Kinder durch ein solches Geschenk schon früh mit dem Tod direkt zu konfrontieren? Ich meine, ja. Voraussetzung ist, daß diese Kinder von Anfang an wissen, daß z.B. ein Hamster oder eine Ratte nicht viel älter als zwei Jahre wird. Wenn auch der Abschied später sehr tränenreich ausfällt, so wird das Bestreben des Kindes, dem Heimtier seine Zeit in menschlicher Obhut so glücklich wie möglich zu gestalten, um so größer sein.

Andere Tiere

Es ist nicht einfach, verschiedenartige Haustiere gemeinsam zu halten. Gerade die kleineren Heimtiere entsprechen oft dem Beuteschema eines Hundes oder einer Katze. Für Mäuse, Ratten, Hamster und Meerschweinchen kann die Begegnung mit so einem Hausgenossen im Freien tödlich enden. Auch wenn man große Vorsicht walten läßt und das Heimtier sicher in seinem Käfig hält, so bedeutet es für den kleinen Pflegling

Rennmäuse werden mittlerweile in verschiedenen Farbsorten gezüchtet. Im Gegensatz zur Hausmaus haben sie behaarte Ohren und einen behaarten Schwanz.

Besonders glücklich sind Hauskaninchen dann, wenn ihr Pfleger ihnen im Sommer den Freilauf auf einer frischen grünen Wiese ermöglicht.

Streß und Anspannung, wenn regelmäßig eine Katze oder ein Hund um sein Gehäuse schleicht.

Aber auch die Heimtiere selbst sind nicht alle harmlos. Ein Streifenhörnchen zum Beispiel kann für einen kleinen Käfigvogel zu einer tödlichen Bedrohung werden. Daß das immer hungrige Frettchen als Beutegreifer, der ständig auf der Suche nach Nahrung ist, für kleinere oder gleich große Hausgenossen ein Problem darstellen kann, versteht sich von selbst. Auch Ratten werden anderen Heimtieren gefährlich, wobei hier der Größenunterschied eine noch unwesentlichere Rolle spielt als beim Frettchen: Ratten greifen auch viel größere Kaninchen an.

Natürlich kommt es auch zu Freundschaften zwischen Tierarten, von denen man es nicht erwartet. In Tierbüchern oder -zeitschriften kann man oft auf Bilder von Hunden stoßen, auf deren Kopf ein Kanarienvogel sitzt. Aber dies ist nicht die

Regel, und der Versuch, eine solche Freundschaft mit Nachdruck zu erzwingen („Ihr sollt euch liebhaben!“) kann blutig enden.

Urlaub

Bei der Urlaubsplanung sollten Heimtiere kein Hindernis sein. Kleinere Tiere kann man einfach in ihrem Käfig mitnehmen. Wenn die Reise in den Süden geht, sollte man darauf achten, daß der Käfig weder im Auto noch in der Wohnung der prallen Sonne ausgesetzt ist – Heimtiere sind hitzschlagempfindlich.

Kann das Tier nicht mitgenommen werden, muß man sicherstellen, daß sich ein Nachbar, Verwandter oder Freund darum kümmert. Hierbei geht es nicht nur um Füttern und Tränken, um gelegentliche Spiele sowie das Saubermachen des Käfigs, sondern es ist auch sehr wichtig, daß jemand regelmäßig nach dem Tier sieht, damit eventuelle Krankheiten und Mangelzustände rechtzeitig bemerkt werden.

Diese Aufgabe kann man übrigens auch Profis anvertrauen. Zoofachgeschäfte, Tierheime und Tierschutzvereine, aber auch Privatpersonen bieten für ein bestimmtes Entgelt Hilfsdienste für Urlaubszeiten an. Hierbei kann und sollte auch geregelt werden, daß das Tier im Krankheitsfall einem Tierarzt vorgestellt wird.

Bis auf die sehr personenbezogene Ratte erleidet eigentlich kein Heimtier großen Kummer bei Abwesenheit des gewohnten Pflegers. Wichtig während des Urlaubs ist es, daß die Tiere möglichst ihr gewohntes Futter und ihre gewohnte Umgebung behalten.

Daß die berühmte »Angst vor Mäusen« unbegründet ist, weiß man, wenn man ihre Vorzüge als Heimtier kennengelernt hat. Sie bestechen durch Charme, Intelligenz und Anhänglichkeit.

Welche Gefahren lauern in der Wohnung?

Elektrokabel werden von Nagetieren und Kaninchen angeknabbert. Damit die Tiere keinen Stromschlag erleiden, sollten beim Freilauf in der Wohnung die Stecker frei liegender Kabel aus der Steckdose gezogen werden. Langfristig gesehen ist es ratsam, Kabel und Steckdosen hinter Blenden sicher zu verstecken.

Durch **offene Fenster** können Tiere nicht nur entweichen und sich je nach Höhe des Stockwerks zu Tode stürzen, in gekippten Fenstern erleiden sie zudem gefährliche Quetschungen.

Die **Küche** birgt für Heimtiere viele Gefahren. Auf heißen Herdplatten können sie sich verbrennen, in Wassereimern oder gefüllten Spülsteinen droht ihnen der qualvolle Tod durch Ertrinken, und an Putzmitteln und Chemikalien können sie sich tödlich vergiften.

Je kleiner das Heimtier ist, desto größer ist die Gefahr, von unachtsamen **Menschen** versehentlich zertreten oder beim Hinsetzen zerquetscht zu werden. Auch **Hunde** und **Katzen** könnten den kleinen Pfleglingen Bißwunden zufügen oder durch die ständige Belagerung ihres Käfigs für ihren frühen Streßtod sorgen.

Herumliegende **Plastiktüten** werden von neugierigen Heimtieren inspiziert, und sie entwickeln sich zur tödlichen Falle, in der sie ersticken können.

Giftige **Zimmerpflanzen**, zum Beispiel der Christusdorn, Kakteen, Korallenbäumchen oder Weihnachtssterne, werden von Heimtieren, besonders vom ständig nach Nahrung suchenden Hamster, benagt. Diese Pflanzen

Wer hungrigen, geschwächten Igeln im Spätherbst Unterschlupf gewährt und ihnen über den Winter hilft, hat die große Chance, sie kennenzulernen und ihr Verhalten zu beobachten.

müssen unbedingt für die Tiere unerreichbar sein, damit sie sich nicht vergiften können.

Schränke und **Schubladen** werden für Heimtiere zur Falle, wenn sie achtlos darin eingeschlossen werden. Kann ein Heimtier hinter oder unter einen Schrank kriechen, kann es dort nicht nur eingequetscht werden, sondern es könnte diesen neuen Unterschlupf auch als Zweitbehausung nutzen und so längere Zeit verschwunden bleiben.

Steht der Käfig in der Nähe eines Fensters, wo er der prallen **Sonne** ausgesetzt ist, können seine Insassen einen Hitzschlag erleiden.

Zugluft ist für die meisten Heimtiere deshalb gefährlich, weil sie sich dadurch leicht erkälten. Eine solche Erkältung wird vom Besitzer oft spät bemerkt, nämlich erst dann, wenn das Tier vor Schwäche die Nahrung verweigert.

Anschaffung

Wo kauft man ein Heimtier?

Es ist nicht gleichgültig, wo man sich ein Heimtier kauft. Das Zoofachgeschäft selbst und auch die einzelnen Käfige sollten in hygienisch einwand-

Vielleicht liegt es an der großen Entfernung zu seiner natürlichen Heimat in Chile, daß der Degu als Heimtier vielen Menschen noch relativ unbekannt ist.

Der nordamerikanische Chipmunk ist bei uns als Heimtier relativ selten anzutreffen. Sehr viel häufiger bieten die Fachgeschäfte das sehr ähnliche Asiatische Streifenhörnchen an.

freiem Zustand sein. Einstreu, Futternäpfe und Nippeltränken sind hierfür gute Indikatoren. Da es Krankheiten gibt, sogenannte Zoonosen, die vom Tier auf den Menschen übertragbar sind, und da man sich ja ein Tier aus so einem Laden in sein Haus holt, besteht schon ein begründetes Interesse daran, daß der Betreiber des Zoofachgeschäftes auf die Hygiene seiner Käfige und die Gesundheit seiner Tiere achtet.

Die Präsentation der Tiere erfolgt in einem guten Geschäft durch beispielhaft eingerichtete Käfige, die nicht überbesetzt sind und die Tageslicht erhalten. Kein seriöses Fachgeschäft stellt Heimtiere, besonders nachtaktive, im Schaufenster aus, wo sie durch ständige Reize unter starkem Streß leiden.

Apropos nachtaktiv – einige Tierhändler halten nachtaktive Tiere wie zum Beispiel Hamster in Käfigen ohne Schlafhäuschen, damit sie auch tagsüber zu sehen sind. Diese Tiere leben in ständiger Aufregung und sind dadurch anfälliger für Krankheiten.

Gesundheits-Check

Es ist ratsam, sich bei der Auswahl eines Heimtieres im Zoofachgeschäft ausgiebig Zeit zu lassen. Man sollte sich immer für ein Jungtier entscheiden und die Tiere in ihrem Käfig erst einmal eine Zeitlang beobachten. Dabei vergleicht man vor allem ihr Verhalten.

Man ist immer schlecht beraten, wenn man sich aus Mitleid für ein schwächlich aussehendes Tier entscheidet. Das bedeutet Tierarztbesuche mit den entsprechenden Kosten – wenn das Tier überhaupt die erste Zeit im neuen Heim überlebt. Ein aktives Tier, das einen kerngesunden Eindruck macht, ist sicher die richtige Entscheidung.

Einige körperliche Merkmale können helfen, ein gesundes Tier von einem kranken zu unterscheiden. Kranke Heimtiere sind apathisch und sitzen ohne Interesse an ihrer Umgebung zurückgezogen in einer Ecke des Käfigs. Weitere typische Krankheitsmerkmale sind ein struppiges, glanzloses Fell sowie Abmagerung mit eingefallenen Flanken. Ein nach oben gekrümmter Rücken ist ein Indiz dafür, daß das Tier Leibschmerzen hat. Auch die Haut kann Hinweise auf eine Erkrankung geben. Hier ist auf haarlose Stellen, Rötungen, Verletzungen, Schuppen oder Krusten zu achten. Verklebungen im Fell sind Anzeichen für Ausfluß und sind wahrscheinlich durch entzündliche Infektionen zustandegekommen. Bei Bindehautentzündung ist das Fell rund um die Augen verkrustet, bei Infektionen der Atemwege sind die Nasenlöcher verklebt und gerötet, außerdem atmet

Meerschweinchen sind die Dauerbrenner in der Heimtierhaltung. Durch ihre Robustheit und Genügsamkeit sind sie besonders als Haustiere für Kinder geeignet.

Wenn es um einen guten Leckerbissen geht, beweisen Ratten mit Leichtigkeit ihre akrobatischen Fähigkeiten. Das aufrechte Stehen gehört dabei zum Standardprogramm.

das Tier angestrengt oder mit offenem Mund. Verklebungen rund um die Analregion und an den Hinterbeinen sind ein Hinweis auf Durchfall.

Nimmt man sich bei der Auswahl eines geeigneten Heimtiers diesen Gesundheits-Check zu Herzen, kann man frühzeitige, teure Tierarztbesuche vermeiden und wird an seinem neuen Hausgenossen lange Freude haben.

Ein guter Rat zum Schluß: Wenn man in einem Zoogeschäft ein erkranktes Tier entdeckt, sollte man aus diesem Käfig überhaupt kein Tier kaufen. Denn es besteht die Gefahr, daß die Nachbarn des Kranken auch bereits angesteckt sind und demnächst dieselben Symptome zeigen. Das Herausnehmen aus der gewohnten Umgebung und die Umsiedlung in ein neues Heim kann den Ausbruch einer verdeckten Infektion zusätzlich fördern.

Der Weg ins neue Zuhause

Für alle Heimtiere bedeutet der Transport vom Zoofachgeschäft nach

Hause oder von zu Hause zum Tierarzt eine große nervliche Anspannung. Gerade Kaninchen und Nagetiere haben ein recht schwaches Nervenkostüm und sind nicht sehr belastbar.
Für den Transport des neu erworbenen Tieres haben sich Behälter aus Kunststoff bewährt. Sie sind relativ geräumig und können mit Einstreu ausgelegt werden. Man sollte hierfür Einstreu aus dem Käfig entnehmen, in dem das Tier bis dahin lebte, damit es sich – besonders durch den gewohnten Geruch – einigermaßen geborgen fühlt. Um zuviel Aufregung durch äußere Reize zu vermeiden, kann man diese Transportboxen mit einem Tuch zudecken. Die meisten Tiere werden bei Dunkelheit ruhiger.

Der Tod des Heimtiers

Der Tod eines Heimtieres ist kein sehr angenehmes Thema, aber dennoch muß man sich früher oder später damit auseinandersetzen, wenn man sich ein solches Tier ins Haus holt. Viele dieser kleinen Hausgenossen werden nicht sehr alt, und es ist die Aufgabe des Pflegers, den Alterungsprozeß zu erkennen und abzuschätzen, wann das Tier zu leiden beginnt.
Nur selten passiert es, daß die Tiere einfach eines Morgens tot im Käfig liegen. Es ist eher so, daß man an Verhalten und Aussehen der Tiere erkennen kann, daß es zu Ende geht: Sie kommen nicht mehr zur gewohnten Zeit aus ihren Schlafhäuschen, um zu spielen oder zu fressen, sondern bleiben länger zusammengerollt liegen. Außerdem nehmen sie weniger Futter auf, vernachlässigen die Fellpflege, wodurch das Haarkleid struppig aussieht, und magern stark ab. Schließlich bekommen sie Koordinationsstörungen und taumeln herum.
Soweit sollte man es nicht kommen lassen! Wenn man ein Tier zu sich nach Hause holt und die Verantwortung für ein schönes, artgerechtes Leben übernimmt, hat man auch gleichzeitig die Verantwortung für einen schmerzlosen und schnellen Tod.
Für Halter von Heimtieren besteht zum Glück die Möglichkeit, ein unabwendbares Leid zu verkürzen und das Tier beim Tierarzt erlösen zu lassen.
Viele verzweifelte Heimtierbesitzer sagen in so einem Fall: »Ich kann das dem Tier nicht antun.«
Es ist sicherlich nicht leicht, einem Hausgenossen, der mit der Zeit längst zu einem anhänglichen und vertrauten Freund geworden ist, eine tödliche Spritze geben zu lassen. Aber in diesen Grenzfällen, die ein altes, leidendes Tier betreffen, ist der schnelle, schmerzlose Tod sicherlich einfacher für das Tier als das Siechtum. Die eigene Gewissensberuhigung, das Tier nicht getötet zu haben, geht immer auf Kosten des leidenden Tieres.
»Ich will nicht Gott spielen, sondern das Tier auf natürliche Weise sterben lassen«, ist oft ein weiterer Einwand. Hier muß man zu bedenken geben, daß das Tier dem Menschen zuliebe auf sein natürliches Leben verzichten mußte. In freier Natur wäre es wahrscheinlich auch gar nicht so alt geworden, sondern beim Nachlassen seiner Reflexe einem Beutegreifer zum Opfer gefallen, wäre verhungert oder von einer Krankheit dahingerafft worden, was in jedem Fall ein furchtbares Ende bedeutet hätte. Tierhalter sind Heimtieren den schmerzlosen Tod schuldig.

Das Chinchilla

Domestikation

Chinchillas sind Nagetiere aus der Familie der Hasenmäuse. Sie wurden erstmals 1923 gezüchtet, nachdem ein amerikanischer Bergwerksingenieur einige dieser Tiere aus ihrer Heimat in Chile nach Kalifornien gebracht hatte. Sieben Jahre später kamen die Chinchillas nach Europa, wo sie seitdem ihrer kostbaren Felle wegen gezüchtet werden. Das Chinchilla als Pelztier hat allerdings an Bedeutung verloren, weil sich dieses Nagetier nur recht langsam vermehrt. Damit sich die Zucht rentiert, muß man sehr viele Tiere halten. Diese Erkenntnis führte dazu, daß sich heute viele Tierliebhaber an den flinken Nagern als Heimtieren erfreuen. Es gibt sie in den Farben Saphir, Braun, Black-Velvet und Weiß.

Art und Wesen

Das Chinchilla gehört zu den dämmerungs- bzw. nachtaktiven Tieren. Es muß tagsüber von Lärm und Unruhe abgeschirmt sein, damit es schlafen kann. Man sagt diesem Tier einen starken eigenen Willen nach, der vom Halter respektiert werden muß. Das Chinchilla ist kein ausgesprochenes Streicheltier und gehört daher nicht in die Hände kleiner Kinder.

Einzelhaltung ist bei diesen Nagern möglich, wenn der Tierfreund sich ausreichend um seinen Pflegling kümmert und ihn zahm bekommt. Wenn nicht immer genügend Zeit für Zuwendung vorhanden ist, sollte man ein Pärchen halten. Bei einer Paarhaltung muß der Käfig groß genug für beide sein. Wenn das Paar aus einem Wurf stammt oder jung zusammengesetzt wird, sind Probleme unwahrscheinlich. Bei erwachsenen Tieren, die neu zusammengeführt werden, ist Ärger meist unausweichlich. Machtkämpfe zwischen Chinchillas enden nicht selten blutig.

Haltung und Pflege

Die Anschaffung eines Chinchillas ist mit größeren Kosten verbunden als die eines Hamsters oder Meerschweinchens. Nicht allein das Tier selbst wird hoch gehandelt, auch seine Unterkunft, der Käfig, ist verhältnismäßig groß und also auch teuer.

Ein Chinchilla stellt, was den Käfig betrifft, hohe Anforderungen an Ausstattung und Größe.

Spezielle Chinchilla-Käfige, die im Zoofachhandel angeboten werden, haben die Maße 78 x 72 x 46 cm. So eine Unterkunft ist aber nur dann für

Steckbrief	
Gewicht:	bis 600 g
Länge:	bis 30 cm
Trächtigkeitsdauer:	128 Tage
Lebenserwartung:	bis 20 Jahre
Pflegeaufwand:	hoch

Bild linke Seite: Seine hübschen schwarzen Augen und die großen Ohren verleihen dem Chinchilla ein apartes Aussehen. Das weiche Fell machte dieses südamerikanische Nagetier berühmt.

Wenn sie in jungen Jahren zusammengesetzt werden, entwickeln Chinchillas untereinander Freundschaften. Erwachsene Tiere, die einzeln gehalten wurden, sind gegenüber Artgenossen eher unverträglich.

ein Chinchilla geeignet, wenn es täglich mindestens zwei Stunden Auslauf im Zimmer bekommt. Andernfalls ist ein größerer Käfig angebracht. Ideal ist eine Flugvoliere für Vögel. Diese Volieren sind ca. 100 cm hoch, 100 cm breit und über einen Meter lang. Eine derart geräumige Behausung bietet dem Nagetier einen artgerechten Lebensraum, in dem es sich wohl fühlt.

Die Bodenschalen dieser Volieren sind meist aus Plastik. Da Nagetiere in ihrem Knabbertrieb auch vor Kunststoff nicht halt machen, ist eine Schale aus Aluminium oder Zink, die dafür aber extra angefertigt werden muß, besser geeignet.

Für ein Chinchilla-Paar ist eine Großvoliere für Kleinvögel (170 cm hoch, 80 cm breit, 50 cm lang) die richtige Wahl. Überflüssig zu erwähnen, daß ein einzelnes Chinchilla über so viel Platz begeistert wäre.

Spanplatten aus Holz, die außen am Käfig angebracht werden, vermitteln dem Nager das natürliche Gefühl einer Höhle.

Abwechslungsreiche Ernährung ist für Chinchillas lebenswichtig. Präsentiert man ihnen das Futter so, daß sie danach klettern müssen, kommt das ihrem natürlichen Bewegungsdrang entgegen.

Die südamerikanischen Nager danken es ihrem Pfleger besonders, wenn sie in ihrem Käfig viele Möglichkeiten zum Klettern, Verstecken und Spielen haben.

Der richtige Standort für den Käfig ist ein erhöhter Platz, der weder Zugluft noch direkter Sonneneinstrahlung ausgesetzt ist. Zimmertemperatur entspricht den natürlichen Lebensbedingungen dieses südamerikanischen Tieres. Ein Ort, an dem das Tier tagsüber ungestört schlafen kann und wo es nicht von einer stetigen Geräuschkulisse gestört wird, ist für den nachtaktiven Nager ideal.

Damit das Chinchilla tagsüber ungestört ruhen kann, braucht es ein Schlafhäuschen. Nistkästen für Nymphensittiche erfüllen diesen Zweck besonders gut. Das Schlafhäuschen sollte fest auf einem Sitzbord verankert werden, das vorher im oberen Drittel des Käfigs eingezogen wurde – Chinchillas schlafen gerne erhöht.
Kletteräste sind für das aktive Chinchilla unentbehrlich. Natürlich darf

man einem Nagetier nur ungiftige Hölzer anbieten: Buche, Weide, Fichte oder Haselnuß.
Eine Tonröhre dient dem Käfiginsassen gleichermaßen als Spielzeug und Unterschlupf.
Zur Fellpflege benötigt das Chinchilla ein Sandbad. Im Zoofachhandel kann man hierfür Spezialsand erwerben, der in einer Keramikschale am Boden des Käfigs plaziert wird.
Die Einstreu sollte aus Hobelspänen bestehen und den gesamten Boden gut bedecken.
Als Futternapf dient wiederum eine standfeste Keramikschale. Das Trinkwasser bleibt in einer Nippeltränke, die an der Käfigaußenseite befestigt wird, hygienisch sauber. Trotzdem sollte das Wasser täglich erneuert werden. Auch verschmutzte Einstreu und feuchtes Heu müssen täglich entfernt werden. Der komplette Bodenbelag wird einmal die Woche erneuert, wobei die Bodenschale mit heißem Wasser abgewaschen wird.

Ernährung

Es gibt für Chinchillas ein Spezialfutter, sogenannte Chinchilla-Pellets, das aber nur als Grundfutter Anwendung finden sollte. Man füttert einem ausgewachsenen Tier ungefähr einen Eßlöffel pro Tag.
Die Fütterungszeit für nachtaktive Nagetiere ist natürlich abends, denn in seiner aktiven Zeit braucht das Chinchilla Energie. Frisches Heu sollte dem Tier immer bereitstehen. Zur Versorgung des Mineralstoffhaushaltes braucht der südamerikanische Nager ab und zu eine Kalktablette. Solche Tabletten werden eigens für Heimtiere hergestellt und sind im Handel erhältlich.
Vorsicht bei der bedenkenlosen Gabe von Grünfutter! Gegen einzelne Blätter von Gras, Löwenzahn oder Salat ist sicherlich nichts einzuwenden, größere Mengen sind jedoch für Chinchillas nicht ungefährlich, weil sie leicht zu heftigen und schmerzhaften Verdauungsstörungen führen können.

Krankheiten

Virale Erkrankungen

Über Erkrankungen der Chinchillas durch Viren liegen der Wissenschaft nur wenige Erkenntnisse vor. Aus größeren Chinchillazuchten wird von seuchenhaften Krankheiten berichtet, die mit Lähmungserscheinungen, erhöhter Atemfrequenz und Futterverweigerung einhergehen. Behandlungsversuche mit Antibiotika bleiben in diesen Fällen meist erfolglos.

Bakterielle Infektionen

Chinchillas sind gegenüber bösartigen Darminfektionen anfälliger als viele andere Nagetiere. Das Hauptanzeichen einer solchen Erkrankung ist dünnflüssiger Kot, Futterverweigerung und rasche Gewichtsabnahme. Zahlreiche Erreger befallen auch den Atmungstrakt und führen zu schwerwiegenden Lungenentzündungen. Da einige Bakterien wie Listerien und Salmonellen auch für den Menschen gefährlich werden können, ist beim Auftreten erster Krankheitssymptome sofort der Tierarzt aufzusuchen.

Hautpilz

Haarausfall an Lippen, Augen und Nase ist ein deutliches Zeichen für eine Hautpilzinfektion. Oft sind die haarlosen Stellen mit Krusten und Borken bedeckt. Vorsicht beim Umgang mit

Pflege tut Not. Ein ausgiebiges Sandbad dient den Chinchillas nicht nur zur Fellhygiene, sondern auch ihrem Wohlbefinden.

erkrankten Tieren! Denn Hautpilz kann auch den Menschen befallen. Zur Behandlung eignen sich zahlreiche Einreibungen und Bäder, die man beim Tierarzt erhält.

Probleme mit dem Fell

Es gibt bei Chinchillas das Problem des totalen Haarverlustes. Die Ursache hierfür ist nicht geklärt. Man vermutet, daß Streß dabei eine nicht unwesentliche Rolle spielt. Betroffene Tiere müssen dringend warm gehalten werden, also um die 20 °C herum, weil ihnen das Fell zur Wärmeregulierung fehlt.

Bei Vitaminmangel, vor allem von Vitamin B, wird das Fell der kleinen Nager an beiden Seiten des Rückens schütter, und die Haarspitzen brechen ab. Neben der Verabreichung von Vitamin B können auch Einreibungen mit Salizylspiritus zur Behandlung versucht werden.

In den meisten Chinchilla-Zuchten wird Fellbeißen beobachtet. Gründe hierfür sind Streß, erbliche Veranlagung und hormonelle Störungen. Außer der Beseitigung von Streßfaktoren sind keine wirksamen Behandlungsmöglichkeiten bekannt.

Futterverweigerung

Die Gründe für die Verweigerung von Futter sind bei den Chinchillas vielfältig. Neben bakteriellen Infektionen ist oft eine Fehlstellung der Zähne der Grund für die Appetitlosigkeit. Gerade die Backenzähne werden oft schief abgeschliffen, und sie bilden scharfe Spitzen, die in die Mundschleimhaut eindringen und Verletzungen hervorrufen. Im weiteren Verlauf werden die Verletzungen durch Bakterien besiedelt, und sie bilden Eiterbeulen.

Bei Jungtieren im Alter von drei bis fünf Monaten sammeln sich oft Gase im Darmtrakt, die zu starken Schmerzen und zu einer Auftreibung des Bauches führen. Auch Verstopfungen verursachen krampfähnliche Schmerzen, die eine Futterverweigerung nach sich ziehen. Zu solchen Verstopfungen kommt es durch die übermäßige Verfütterung von Rosinen, Nüssen oder Sonnenblumenkernen. Leckerbissen sollten in diesem Fall nicht gegeben, und es sollte nur Chinchilla-Alleinfutter, Heu und Saftfutter angeboten werden.

Nach Verfütterung von verdorbenem Heu und übermäßigen Gaben von Grünfutter entsteht meist wässeriger Durchfall. Hier sollte jegliches Grünfutter aus dem Käfig entfernt und einige Tage sollten Heu und Wasser gereicht werden, bis der Kot wieder seine gewohnte Form hat.

Falls Apathie und Futterverweigerung eintreten, ist der Tierarzt zu konsultieren, bevor das Chinchilla zu stark an Gewicht verliert.

Die Einstreu in einem Chinchillakäfig ist für ein Sandbad oft zu grobkörnig. Ein Extragefäß mit besonders weichem und feinem Sand wird von den reinlichen Nagetieren allerdings gerne genutzt.

Bild oben:
Beim Fressen benutzen die Chinchillas häufig ihre Vorderbeine, um das Futter festzuhalten. Sie lieben frisches Obst, Nüsse und Grünfutter.

Bild rechts:
Zu den verschiedenen Farbvarianten der Chinchillas gehören neben schwarzen und saphirfarbenen Tieren auch solche mit weißem Fell.

Bild links:
Chinchillas sind geschickte Kletterer, die viel Bewegung brauchen, weil sie sonst fettleibig und phlegmatisch werden.

Bild unten:
Grau ist die natürliche Farbe der südamerikanischen Nager. Äste nutzen sie nicht nur zum Klettern, sondern sie lieben es auch, an dünnen Trieben zu nagen.

Der Degu

Domestikation

Der Degu oder die Trugratte ist ein chilenisches Nagetier, das sich gerade in jüngster Zeit bei Heimtierhaltern zunehmender Beliebtheit erfreut. Die meerschweinchenähnlichen Nager mit ihrem braunen Fell und ihrem körperlangen, behaarten Schwanz gelangten erstmals um 1975 nach Deutschland. Wegen ihrer noch sehr jungen Heimtiergeschichte gibt es von ihnen noch keine besonderen Zuchtvarianten.

Art und Wesen

Der Degu ist ein Verwandter des Meerschweinchens und ähnelt mit seinem körperlangen, borstig behaarten Schwanz mit dunkler Quaste auch durchaus einem kleinen Meerschweinchen. Seine Tasthaare sind über den ganzen Körper verteilt.

Degus leben in offenen Gebieten von Nord- und Zentral-Chile in selbstgegrabenen Erdbauten, inzwischen aber auch in Gärten. Familiengruppen von bis zu zehn Tieren, die ihr eigenes Territorium beanspruchen, bilden eine Kolonie, die mehrere hundert Degus zählen kann. Rangordnungskämpfe sind bei den Männchen an der Tagesordnung. Ranghohe Männchen errichten sich neben ihrer Erdhöhle einen »Aussichtsturm« aus Holz- und Rindenstücken, dessen Höhe den Platz in der Rangordnung signalisiert. Verlieren sie ihren Rang, wird der Turm wieder abgeräumt. Jeder Familienverband stellt während der Futtersuche einen eigenen Wächter auf, der durch einen Ruf und mit hoch aufgerichtetem Schwanz die Artgenossen vor Gefahr warnt. Reisende, die Degus in freier Natur begegnet sind, erzählen, daß die Tiere, sobald sie Gefahr vermuten, mit großem Gezeter in ihren Erdhöhlen verschwinden, aber kurz darauf alle wieder aus ihren Löchern herausgucken, um zu sehen, was genau den Alarm ausgelöst hat. Degus sind intelligente und neugierige Tiere.

Sie ernähren sich von trockenen Gräsern, Zwiebeln und Knollen, von Rinde, Kakteen, Samen und Früchten. Das Revier markieren sie mit Urinduft an Steinen, Büschen, Sandbadeplätzen und Holzstücken. Fremde Artgenossen werden vertrieben.

Degus sind tagaktive Nager. Sie klettern gern auf niedrige Büsche und haben einen ausgeprägten Nagetrieb.

Haltung und Pflege

Da sie gesellige Tiere sind, sollten immer mehrere Degus als Heimtiere ge-

Steckbrief

Gewicht:	bis 350 g
Länge:	15 cm
Trächtigkeitsdauer:	bis 90 Tage
Lebenserwartung:	3 – 5 Jahre
Pflegeaufwand:	mittel

Bild linke Seite: Der Degu, auch »Trugratte« genannt, wird bisher noch sehr selten in den Fachgeschäften angeboten. In Deutschland sind diese Nager erst seit 1975 als Heimtiere bekannt.

***Rechte Seite:* Ähnlich wie sein Verwandter, das Meerschweinchen, hat auch der Degu einen gedrungenen Körperbau und ein rundes Gesicht.**

***Unten:* Degus brauchen für ihr Wohlbefinden die Gesellschaft von Artgenossen. In freier Natur leben sie in Großkolonien von bis zu 100 Tieren.**

halten werden. Wegen ihres starken Nagetriebes eignen sich keinesfalls Holz, Kunststoff oder Plexiglas als Baustoff für das Terrarium. Man verwendet zweckmäßigerweise Wände aus Glas, die jedoch wegen der Vergiftungsgefahr nicht mit bleihaltigem Kitt, sondern mit Silikonkleber verbunden werden sollten. Für zwei bis drei erwachsene Tiere benötigt man eine Grundfläche von mindestens 80 x 40 cm und eine Höhe von 40 cm, um Äste zum Klettern unterbringen zu können.

Außerdem muß das Terrarium genügend Versteckmöglichkeiten sowie Holzstücke und Zweige zum Benagen bieten. Auch ein Sandbadgefäß gehört hinein. Der Boden sollte mit Hobelspänen oder Kleintierstreu bedeckt werden.

Man soll nur von vorne oder seitlich in das Terrarium greifen, weil das Tier den Griff von oben mit dem Angriff eines Greifvogels verbinden und panisch reagieren kann.

Einen Degu faßt man am besten im Nacken. Hält man ihn am Schwanz fest und versucht er dann, sich zu befreien, reißt die Haut des festgehaltenen Teils ab, und das Tier entkommt. Der Degu beißt den enthäuteten Schwanzteil später mit seinen Nagezähnen ab. Er wächst jedoch, anders als bei der Eidechse, nicht wieder nach.

Degus stellen keine ausgefallenen Ansprüche an ihre Halter. Sie mögen kommerzielles Fertigfutter für Hamster und Meerschweinchen. Außerdem kann man ihnen verschiedene Obstsorten und abwechslungsreiches Grünfutter anbieten.

Ernährung

Als Grundnahrung empfiehlt sich Fertigfutter aus zwei Dritteln Meerschweinchen- und einem Drittel Goldhamsternahrung. Man kann es ergänzen durch geringe Mengen Haferflocken, Johannisbrot oder Rosinen. Auch Cornflakes, Erdnüsse in Schalen, Knäckebrot, hartes Roggenbrot und rohe Nudeln eignen sich als Beigaben.

Als Rauhfutter muß ständig erstklassiges Heu verfügbar sein.

Grünfutter ist in Form von Wiesenkräutern, Löwenzahn, Wirsing, Chinakohl, Chicorée und Endiviensalat willkommen. Blumenkohl, Kohlrabi, Möhren, Rote Bete, Äpfel und Birnen sind ein gern genommenes Saftfutter. Grüne Teile der Kartoffel, Kartoffelkeime und rohe Bohnen sind für Degus giftig. Natürlich muß das Frischfutter frei von Chemikalien zur Schädlingsbekämpfung sein.

Zum Benagen sollte man belaubte Zweige von Obstbäumen, Linde, Eiche oder Ahorn in das Terrarium geben.

Krankheiten

Infektionen

Degus sind außerordentlich widerstandsfähig gegenüber Viren und Bakterien. Spezifische Infektionen sind bei diesen Tieren, die noch nicht unter den Folgen der Überzüchtung leiden, sogar unbekannt. Nur der typische Eitererreger Staphylococcus aureus, der bei allen Tieren auftritt, kann bei den Degus Lungenentzündungen hervorrufen, die durch den Tierarzt behandelt werden müssen.

Haarverlust

Mehrere Gründe sind bei Degus für Haarverlust verantwortlich: Ältere Tiere bekommen am Bauch schütteres Fell; übersteigerte soziale Handlungen wie Kraulen und Beknabbern der Degus untereinander können zu kahlen Stellen am Rücken führen; Fellfressen ist eine Mangelerscheinung, die Inhaltsstoffe des Futters betrifft.

Futterverweigerung

Wie bei vielen Nagetieren, so sind auch bei den Trugratten meistens die

Da diese Tiere einen starken Nagetrieb haben, pflegt man sie am besten in einem geräumigen Terrarium. Käfige und Volieren sind nur dann geeignet, wenn sie nicht mit Holz verstrebt sind.

Zähne schuld, wenn das Futter verweigert wird. Stellungsanomalien und ungleichmäßiger Abschliff führen zu scharfkantigen Rändern an den Backenzähnen, die die umliegende Mundschleimhaut beim Kauen verletzen.

Auch Schneidezähne, die sich nicht von selbst abnutzen, machen es dem Degu bei unkonrolliertem Wachstum nach einiger Zeit unmöglich, Nahrung aufzunehmen.

Entzündungen des Magen-Darm-Traktes haben bei Degus keine infektiöse, sondern eine diätetische Ursache. Falsches oder verdorbenes Futter hat Appetitlosigkeit, Abmagerung und schaumigen Durchfall zur Folge. Besonders gut für einen geschädigten Darm sind gekochte Haferflocken oder Reis mit Möhren in kleinen Portionen sowie schwarzer Tee. Ist der abgemagerte Degu bereits sehr ruhig und apathisch, muß man jedoch den Tierarzt aufsuchen, damit er das kranke Tier mit Infusionen wieder hochpäppeln kann.

Diabetes

Diabetes oder Zuckerkrankheit kommt bei Degus leider relativ oft vor. Erstes Anzeichen ist eine Trübung der Linse, wodurch die Sehfähigkeit stark eingeschränkt wird. Im weiteren Verlauf der Krankheit können die Tiere bald nur noch hell und dunkel unterscheiden. Sie orientieren sich dann mit ihrem Gehör, ihrem Geruchs- und ihrem Tastsinn – und kommen damit relativ gut zurecht. Zum Nachweis der Zuckerkrankheit kann man Teststreifen in der Apotheke erwerben, die man in den Urin des Degus hält. Heilbar ist diese Krankheit beim Degu leider nicht. Es gibt Hinweise dafür, daß Diabetes bei Degus erblich ist.

Bild linke Seite:
Da Degus sehr gerne nagen, sollte man ihnen regelmäßig Zweige in den Käfig hängen. Gut geeignet sind Obstbäume, Linde, Eiche oder Ahorn.

Bild unten:
Der große Vorteil der Degus ist ihre Robustheit. Diese hübschen Nagetiere werden sehr selten ernsthaft krank. Durch ihre Anspruchslosigkeit eignen sie sich auch durchaus für den Anfänger.

Das Frettchen

Domestikation

Das Frettchen ist eine domestizierte Marderart und gehört zur Unterfamilie der Mustela (Stinkmarder). Es wird bereits in den Schriften des Aristoteles erwähnt, und man hat es wahrscheinlich im vierten Jahrhundert v. Chr. aus dem spanischen oder marokkanischen Iltis herausgezüchtet. Es gibt zwei Arten, das Frettchen und das Iltisfrettchen, welches auch Blendling genannt wird. Das eigentliche Frettchen ist ein Albino von gelblich-weißer Farbe mit roten Augen. Das Iltisfrettchen ist eine Rückkreuzung aus Frettchen und Iltis. Es ist dem wild lebenden Iltis ähnlich, von größerem Körperbau, gelblich-brauner Fellfarbe und mit typischer Iltis-Gesichtsmaske. Das Iltisfrettchen ist stärker und lebendiger als sein weißer Vetter. Das Frettchen-Männchen ist etwa doppelt so groß wie das Weibchen.

Ursprünglich zur Vertilgung von Ratten und Schlangen gezüchtet, wird das Frettchen heute vorwiegend zur Kaninchenjagd genutzt. Es wird in die Kaninchenröhre geschickt und treibt die Tiere aus ihrem Bau heraus.

Art und Wesen

Im Gegensatz zu den meisten Marderartigen sind die Frettchen tagaktive Tiere. Die Sinne dieses kleinen Raubtieres sind hervorragend ausgebildet. Allerdings kann es nicht farbig sehen, weil seine Netzhaut keine Zapfen enthält.

Es ist ein beliebtes Haustier, weil es, jung von Menschenhand aufgezogen, leicht zu zähmen ist und zutraulich und anhänglich werden kann. Manche Frettchen behalten allerdings eine gewisse Wildheit und Bissigkeit, wodurch die Haltung problematisch werden kann. In der Literatur wird davor gewarnt, Frettchen in Familien mit Kleinstkindern zu halten, da es vorgekommen sei, daß Säuglinge im Schlaf durch Bißwunden verletzt wurden.

Zahme Frettchen beißen nur selten und nur dann, wenn man sie erschreckt. Sie zischen, wenn sie etwas beunruhigt, und kreischen, wenn sie erschreckt werden. Dabei entleeren sie gelegentlich ihre Analdrüsen, was einen unangenehmen Geruch verbreitet. Sie spritzen aber ihr Analsekret nicht wie der Skunk zur Verteidigung auf den Angreifer. Frettchen werden als Heimtiere etwa neun Jahre alt.

Haltung und Pflege

Frettchen werden in der Regel bei Temperaturen von 0 bis 32 Grad im

Steckbrief

Gewicht:	2 kg
Länge:	50 cm
Trächtigkeitsdauer:	42 Tage
Lebenserwartung:	9 Jahre
Pflegeaufwand:	mittel

Bild linke Seite: Das Frettchen, dessen Stammvater der Iltis ist, hat man früher zur Tilgung von Schlangen und Ratten gezüchtet.

Neben dem häufigen weißen Frettchen gibt es auch dunkle Formen, die durch Kreuzung mit wilden Iltissen entstanden sind.

Freien gehalten. Bei höheren Temperaturen besteht die Gefahr eines Hitzschlags, da beim Frettchen die Schweißdrüsen nur schwach entwickelt sind. Je Tier sollte ein Raum von mindestens vier Quadratmetern zur Verfügung stehen, wobei der Käfig einen Nistkasten und einen Kotkasten enthalten muß. Das Frettchen setzt seinen Kot immer an derselben Stelle ab. Der Nistkasten sollte nur bei Außentemperaturen von weniger als 5° C beheizt werden.

Außerhalb der Ranzzeit hält man die Tiere am besten nach Geschlechtern getrennt, weil sich die Männchen streiten und außerdem die Gefahr einer Dauerbrunst besteht. Wenn gezüchtet wird, muß man unbedingt beachten, daß das Muttertier nicht von außen gestört wird. So darf man die Größe des Wurfes erst nach drei bis vier Wochen untersuchen, da eine vorzeitige Beunruhigung dazu führen kann, daß die Mutter ihre Kinder tötet.

Der spezifische Geruch des Frettchens entsteht nicht nur durch das Sekret der Analdrüsen, sondern auch durch die Ausdünstung von Talgdrüsen in der Haut, deren Funktion hormonell gesteuert wird. Will man die Geruchsbelästigung beseitigen, zum Beispiel, um das Frettchen in der Wohnung zu halten, muß man das Tier kastrieren und die Analdrüsen entfernen lassen. Außerdem muß es regelmäßig mit einem milden Sham-

poo gewaschen werden. Nimmt man ein Frettchen in die Hand, faßt man es am besten mit einem Griff um den ganzen Nacken. Man sollte es nicht am Nackenfell hochheben, weil es sich dann wehrt.

Ernährung

Je nach Größe werden Frettchen mit 70 bis 130 g eines Gemischs von je 50% Katzen- und Hundefertigfutter als Grundnahrung gefüttert. Auch Futter-Pellets für Nerze eignen sich. Fleisch und Milch sind eine willkommene Abwechslung. Eier dürfen als Leckerbissen nur hin und wieder auf den Speiseplan. Dem täglichen Futter sollten Vitamin-Mineralien beigemischt werden. Frisches Wasser darf natürlich nicht fehlen. Da Frettchen einen kurzen Magen-Darm-Kanal haben, nehmen sie oft Futter in kleinen Mengen zu sich.

Wenn das Futter frei zugänglich ist, fressen sie 9- bis 10mal am Tag. Schwankungen des Körpergewichts sind beim Frettchen nicht beunruhigend, da es sich im Herbst ein Fettpolster anfrißt, das es im folgenden Frühjahr wieder abbaut.

Krankheiten

Virale Erkrankungen

Frettchen sind gegen dieselben Viren empfindlich wie Hunde und Katzen.

Da diese Marder einen recht unangenehmen Eigengeruch haben, werden sie meist in einem geräumigen Käfig im Stall gehalten.

Neben einer Kastration und der Entfernung der Analdrüsen ist auch eine regelmäßige Fellpflege wichtig, wenn man es als Pfleger mit dem geruchsintensiven Frettchen aushalten will.

Deshalb sollte ein zahmes Frettchen schutzgeimpft werden.
Die flinken Marder können an Staupe erkranken. Die Inkubationszeit dieser Virusinfektion beträgt eine Woche. Danach kommt es zu Freßunlust, Nasen- und Augenausfluß sowie Pusteln auf der Haut. Solange das Frettchen noch nicht apathisch auf der Seite liegt, kann es der Tierarzt mit Erfolg behandeln, andernfalls kommt jede Hilfe zu spät. Durch Nerze wurde die Aleuten-Krankheit oder Hypergammaglobulinämie bekannt. Im Gegensatz zum Nerz, bei dem die Infektion rasch tödlich endet, ist der Verlauf beim Frettchen langsam, mit wenigen typischen Krankheitsanzeichen (schwarzer Kot, Abmagerung). Dennoch ist auch beim Frettchen eine Therapie unbekannt. Die Krankheit endet immer tödlich. Auch gegen Grippe sind Frettchen anfällig. Sie können sich bei ihren Haltern anstecken. Die typischen Grippesymptome verschwinden meist nach fünf Tagen von selbst wieder.
Frettchen können an der für den Menschen tödlichen, gefährlichen Tollwut erkranken, wenn sie von einem infizierten Tier gebissen wurden. Die Tollwut läßt ein erkranktes Frettchen wie besinnungslos um sich beißen. Damit wird es zu einer tödlichen Bedrohung für seinen Besitzer. Es ist also für den Tierfreund lebenswichtig, daß er sein Frettchen beim Tierarzt gegen Tollwut impfen läßt.

Die intelligenten Marder lassen sich ein regelmäßiges Bad gern gefallen. Um die Haut der Tiere nicht zu reizen, sollte man ein mildes Shampoo verwenden.

Die Grundnahrung der Frettchen in der Obhut des Menschen ist Katzen- oder Hundefutter. Da die Tiere häufig am Tag kleine Mengen zu sich nehmen, sollte ihnen die Nahrung frei zugänglich angeboten werden.

Als Allesfresser mögen diese Tiere natürlich auch Obst. Auch Eier, rohes Fleisch und Milch kann man ihnen zwischendurch anbieten.

Bakterielle Infektionen

Von den bakteriellen Infektionen, die ein Frettchen befallen können, stellt vor allem die Tuberkulose für den Menschen eine tödliche Gefahr dar. Infektionsquellen für das Frettchen sind unbehandelte Milch sowie rohe Fleischabfälle. Leider sind die Krankheitssymptome nicht sehr spezifisch. Abmagerung, Durchfall und Lähmungen der Hinterbeine sind erste Anzeichen. Erkrankte Frettchen müssen wegen der Gefahr für die Menschen getötet werden.

Würmer

Frettchen sind sehr empfänglich für viele Arten von Darmparasiten. Diese Parasiten gelangen über rohes Fleisch in den Endwirt, z.B. das Frettchen, und sind bei engem Kontakt zwischen Frettchen und Pfleger auch für den Tierhalter gefährlich. Es ist daher ratsam, das Frettchen regelmäßig prophylaktisch zu entwurmen.

Fellverlust

Bei Fellverlust, der mit starkem Juckreiz verbunden ist, spielen oft Flöhe, Ohrmilben und Zecken eine Rolle. Auch Hautpilz geht mit Haarverlust einher. Der Tierarzt kann in diesen Fällen für Abklärung und Behandlung sorgen.
Auch hormonelle Gründe spielen bei Haarausfall eine Rolle. Das weibliche Tier (die Fähe), auch gelegentlich der Rüde, verliert in der Deckperiode Fell am Schwanz und am Unterbauch. Später wächst das Fell jedoch wieder nach.

Der Gerbil

Domestikation

Der Gerbil ist ein Nagetier, das erst in den letzten Jahren als Heimtier Verbreitung gefunden hat. Er wird auch Wüstenrennmaus genannt. Er lebt in den Trockengebieten Osteuropas und Nordafrikas. 1954 gelangten in Japan gezüchtete Rennmäuse in die USA und von dort nach Europa.
Das Fell dieser flinken Nager ist graubraun, die Augen schwarz. Sie sehen Ratten recht ähnlich, haben aber behaarte Ohren und einen behaarten Schwanz. Es gibt auch Albinoformen mit weißem Fell und roten Augen. Weitere Farbspielarten sind Schwarz, Golden und Grau.

Art und Wesen

Gerbils sind sowohl tag- als auch nachtaktive Tiere, wobei sich aktive Phasen und Ruhepausen abwechseln. Ein streng monogames Elternpaar bildet mit seinen Nachkommen eine Großfamilie. Die Mitglieder dieser Familie erkennen einander am Geruch. Dieses Phänomen, das man in der Natur beobachtet hat, tritt auch in Gefangenschaft auf.
Gerbils haben ein sehr ausgeprägtes Sozialverhalten. Sie lieben es, sich gegenseitig zu putzen. Auf Streß reagieren sie allerdings äußerst empfindlich; sie werden leicht krank, wenn sie diesem länger ausgesetzt sind.
Der Umgang mit Rennmäusen ist recht einfach, da sie von Natur aus sehr freundlich sind. Angefaßt zu werden ist für sie nicht unangenehm, besonders, wenn sie Vertrauen zu ihrem Pfleger gewonnen haben.

Haltung und Pflege

Da erwachsene Gerbils oft miteinander kämpfen, sollten diese Tiere als Jungtiere zusammengeführt werden. Das gemeinsame Aufwachsen verhindert spätere Aggressionen. Auf keinen Fall sollten Gerbils einzeln gehalten werden.
Aquarien sind für die Rennmaushaltung besonders gut geeignet. Wichtig ist allerdings, daß das Aquarium mit einem Drahtgeflecht abgedeckt wird, da die flinken Nager ohne Mühe 30 cm hoch springen können. In einer Gruppe von Gerbils rechnet man pro Tier mit einer Grundfläche von einem Quadratmeter. Der Behälter sollte mindestens 15 cm hoch sein.
Ein hölzernes Schlafhäuschen von einer Größe von 15 x 20 x 15 cm gibt den Tieren die Möglichkeit, sich zurückzuziehen. Keramikröhren die-

Steckbrief

Gewicht:	bis 130 g
Länge:	10 cm
Trächtigkeitsdauer:	bis 26 Tage
Lebenserwartung:	2 Jahre
Pflegeaufwand:	mittel

Bild linke Seite:
Der Gerbil, auch Rennmaus genannt, ist ein 10 cm großer Nager aus den Trockengebieten Nordafrikas und Osteuropas. Im Gegensatz zu unseren Mäusen hat er einen behaarten Schwanz und behaarte Ohren.

Rennmäuse leben in Einehe. Die Erwachsenen sind sehr fürsorgliche Eltern.

nen den Tieren als Tunnel zum Hindurchkriechen. Auf ein Laufrad sollte man verzichten, da sich der lange Schwanz im Rad einklemmen und dadurch verletzen könnte.

Als Einstreu eignet sich Weichholzgranulat. Eine ca. 10 cm dicke Schicht sollte den Boden bedecken. Als Nistmaterial dient Heu oder Holzwolle. Um ihr Fell zu entfetten, baden sich Gerbils gerne im Sand. Dies kann man ihnen mit einer Schale, die mit Schweißsand gefüllt ist, ermöglichen.

Eine Nippeltränke sowie eine standfeste Keramikschale als Futternapf gehören zur Standardausstattung.

Der Käfig sollte an einem vor Kälte und Zugluft geschützten Ort stehen. Zimmertemperatur ist für Rennmäuse ausreichend.

Da die Tiere nur sehr wenig Harn absetzen und ihr Kot sehr trocken ist, besteht der einzige Reinigungsaufwand im Wechseln der Einstreu einmal pro Woche. Es genügt zudem, den Behälter einmal im Monat mit heißem Wasser gründlich zu säubern.

Ernährung

Obwohl Rennmäuse nur sehr wenig Flüssigkeit zu sich nehmen, sollte immer frisches Wasser in einer Trinkflasche zur Verfügung stehen. Gerbils fressen zu sehr unregelmäßigen Zeiten und bis zu achtmal am Tag. Deshalb muß immer eine ausreichende Menge Futter bereit stehen.

Ratten- und Hamster-Pellets sind auch für Rennmäuse das geeignete Grundnahrungsmittel. Außerdem sollte Saftfutter wie zum Beispiel Äpfel und Karotten angeboten werden.

Bild links:
Die intelligenten Nager sind sehr aktive Tiere, die ständig nach Beschäftigung suchen. Ein Laufrad ist allerdings nicht ungefährlich, da die Rennmäuse leicht ihren Schwanz darin verletzen können.

Bild unten:
Gerbils werden in verschiedenen Farben gezüchtet. Neben schwarzen, goldenen und grauen kommen auch weiße Tiere vor.

Die Jungen der Rennmäuse sind bei ihrer Geburt nur ein paar Zentimeter lang.

Krankheiten

Bakterielle Infektionen

Bakterielle Infektionen kommen beim robusten Gerbil relativ selten vor. Sie können die Atemwege und den Magen-Darm-Trakt befallen. Anzeichen für eine Atemwegserkrankung sind Niesen und Bindehautentzündung. Das sogenannte Wet Tail-Syndrom (feuchtes Fell an der Schwanzquaste) ist ein Zeichen für starken Durchfall bei einer Magen-Darm-Infektion.

Besonders anfällig gegen bakterielle Infektionen ist die Haut des Gerbils, wenn sie vorher durch Bisse verletzt oder durch Scheuern an den Gitterstäben gereizt wurde. In der Folge bildet sich meist eine starke Dermatitis. Solche Hautentzündungen können, wenn sie lange unbehandelt bleiben, für den Gerbil tödlich enden.

Hautmilben

Ein struppiges und trockenes Haarkleid mit vereinzelt haarlosen Stellen ist ein sicheres Zeichen für Milbenbefall. Diese Erkrankung ist oft mit starkem Juckreiz verbunden. Wenn die Milben sich noch nicht stark vermehren konnten, also am Anfang des Befalls, kann allein durch eine Verbesserung der Kondition des Ger-

Soziale Kontakte sind für den Gerbil sehr wichtig. Wenn man Tiere jung zusammenführt, vertragen sie sich auch später untereinander gut.

Auf keinen Fall sollte man Rennmäuse einzeln halten. Sie brauchen die Nähe ihrer Artgenossen und verbringen viel Zeit mit gegenseitiger Fellpflege.

bils eine Selbstheilung eintreten, ohne daß der Tierarzt aufgesucht werden muß. Diese Konditionsverbesserung erreicht man durch das Anbieten hochwertiger Vitamine und durch Futterwechsel. Ist der Juckreiz jedoch bereits zu stark, erhält man beim Tierarzt wirksame Lösungen, in denen man den erkrankten Gerbil baden kann.

Epilepsie

Bei Gerbils ist eine erbliche Veranlagung zu epileptiformen Anfällen bekannt. Diese Anfälle sehen so aus, daß das Tier mit gestreckten Pfoten auf der Seite liegt und am ganzen Körper zittert. Dieser Zustand dauert nie länger als einige Minuten. Da Epilepsie nicht heilbar ist, besteht die Therapie in erster Linie darin, Streß von dem Tier fernzuhalten.
Man hat herausgefunden, daß bei Albino-Gerbils diese Anfälle weniger oft vorkommen als bei Agouti-Farbmutanten.

Futterverweigerung

Neben den oben erwähnten Infektionen des Magen-Darm-Traktes sind bei Gerbils vor allem Zahn-Anomalien verantwortlich für eine Futterverweigerung. Durch ungleichmäßiges Wachstum werden die vorderen Zähne nicht richtig abgeschliffen und wachsen wild und ungehindert weiter. Irgendwann kann das Tier die Nahrung nicht mehr aufnehmen, wird immer ruhiger, speichelt und magert ab. Wird der Fehler im Gebiß nicht bald bemerkt, ist dem armen Gerbil der Hungertod sicher.

Die Kürzung der Zähne ist in so einem Fall unumgänglich. Die Schneidezähne sind etwa 6 bis 7 mm lang. Festeres Futter und Objekte zum Benagen verhindern, daß sich die Anomalie bald wieder ausbildet.

Verlust der Schwanzspitze

Beim Umgang mit einem Gerbil muß man darauf achten, daß man ihn am Körper, aber keinesfalls am Schwanz festhält. Für sein Leben in freier Natur hat der Gerbil einen ähnlichen Überlebenstrick wie die Eidechse: Wenn er am Schwanz gepackt wird, verliert er zwar nicht das Schwanzende wie das Reptil, er streift aber die Schwanzhaut ab. Das nun nackte Schwanzende trocknet ein und fällt ab. Der Gerbil lebt dann mit einem kürzeren Schwanz wie vorher weiter.

In einer großen Gruppe von Gerbils unternehmen die Tiere alles gemeinsam. Wenn sie sich ausruhen wollen, versammeln sie sich Seite an Seite an einem Schlafplatz.

Der Hamster

Domestikation

Der in Zoogeschäften am häufigsten angebotene Hamster ist der Syrische Goldhamster. Sein natürlicher Lebensraum reicht von Syrien, Israel und dem Iran bis Bulgarien, Rumänien und in den Kaukasus.

Erst seit 1930 wird er in Gefangenschaft gezüchtet. Der Goldhamster ist ein beliebtes Heimtier, weil er leicht zu zähmen ist und als sehr robust gilt. Mittlerweile gibt es ihn in verschiedenen Farb- und Fellvarianten. Sehr beliebt ist die langhaarige Form (Teddyhamster). Neben dem Syrischen Goldhamster haben auch der Daurische Zwerghamster (grau mit Aalstrich, dem schmalen dunklen Streifen auf der Rückenmitte), der Chinesische Zwerghamster (grau ohne Aalstrich) und der Dsungarische Zwerghamster den Weg in die Wohnungen der Liebhaber gefunden.

Art und Wesen

Hamster sind Individualisten und Einzelgänger, die sich hervorragend zur Einzelhaltung eignen. Untereinander sind sie sehr streitbar und verteidigen ihr Revier und ihre Nahrungsvorräte bis aufs Blut. Lediglich zur Paarungszeit dulden die Weibchen ein Männchen in ihrer Nähe – und auch das nur für kurze Zeit.

Mit genügend Zuwendung wird der Hamster leicht zahm. Er ist ein nachtaktives Tier, das man bei Tage nicht einfach grob wecken sollte, wenn man sich mit ihm beschäftigen will. Wenn ihm Zeit gelassen wird, langsam aufzuwachen, ist er weniger Streß ausgesetzt.

Hamster haben die zuweilen unangenehme Eigenart, bei ihren Ausflügen aus dem Käfig irgendwo in der Wohnung zu verschwinden. Das ist kein Grund zur Verzweiflung. Man legt in so einem Fall in jedem Zimmer ein Fruchtstück auf dem Boden aus. So kann man anhand der Knabberstellen erst einmal herausfinden, in welchem Zimmer der Ausreißer ist. Danach stellt man in diesem Zimmer einfach den offenen Käfig auf, damit der Hamster in den frühen Morgenstunden dahin zurückkehrt.

Haltung und Pflege

Wenn man die Bedürfnisse des Hamsters kennt, ist es nicht besonders schwierig, die Lebensbedingungen zu schaffen, unter denen er gesund bleibt und sich wohl fühlt.

Der ideale Käfigstandort für einen Hamster ist dort, wo ein dämme-

Steckbrief

Gewicht:	80 – 170 g
Länge:	15 – 18 cm
Trächtigkeitsdauer:	15 – 16 Tage
Lebenserwartung:	1,5 – 2 Jahre
Pflegeaufwand:	gering

Bild linke Seite: Ein bekanntes Merkmal des Hamsters sind seine geräumigen Backentaschen, in denen er Futter »hamstert«. Diese aufgesammelte Nahrung wird an einem sicheren Ort versteckt.

Ein Hamster ist wie alle Nagetiere sehr neugierig und aktiv. Klettergerüste und Versteckmöglichkeiten sind für seine Unterbringung besonders wichtig.

rungs- und nachtaktives Tier tagsüber ungestört schlafen kann. Bei gedämpfter Raumbeleuchtung, 18 bis 26 °C Zimmertemperatur und einer relativen Luftfeuchte von 40 – 70% fühlt sich ein Hamster besonders wohl.

Ungeeignet sind Räume, in denen viel geraucht und das Nagetier von ständigen Hintergrundgeräuschen gestört wird. Ideal ist ein erhöhter Platz im neuen Zuhause. Ein Tisch oder ein Unterschrank bietet dem Hamster den nötigen Überblick und so mehr Zufriedenheit in seiner neuen Umgebung.

Der ideale Hamsterkäfig hat eine Mindestgröße von 60 cm Seitenlänge, 30 cm Tiefe und 30 cm Höhe – ein Käfig kann aber niemals zu groß sein! Die Höhe der Bodenwanne sollte etwa 8 bis 10 cm betragen. So bleibt die Einstreu, wo sie hingehört, und der Hamster kann in aufgerichteter Körperhaltung den Rand noch überschauen. Die Vergitterung muß waagerecht sein, damit der Hamster klettern kann. Dabei dürfen die Gitterstäbe nur einen Abstand von 12 mm voneinander haben. Hat der Käfig eine entsprechende Höhe, kann man mehrere Etagen in ihn einziehen. Solche Hamsterkäfige sind im Zoofachhandel erhältlich.

Zum Inhalt des Käfigs ist anzumerken, daß ein Schlafhäuschen für den

Der langhaarige Teddyhamster, eine Zuchtform mit sehr buschigem, weichem Fell, ist bei den Freunden dieser eigenwilligen Nagetiere besonders beliebt.

Wenn es um eine große Erdbeere geht, ist dem Hamster kein Weg zu mühsam. Man sollte ihm aber nicht zu oft Obst füttern, da er sonst Verdauungsprobleme bekommen könnte.

nachtaktiven Hamster natürlich besonders wichtig ist. Schlafhäuschen sind aus Holz oder Kunststoff und haben eine Seitenlänge von 10 – 12 cm und eine Höhe von 8 – 10 cm.

Über ein Laufrad freut sich der Hamster, weil er darin seinen Bewegungsdrang stillen kann. Es sollte möglichst groß und unfallsicher sein. Das Laufrad ist aber keinesfalls ein Ersatz für den täglichen Auslauf im Zimmer.

Als geeigneten Käfigbodenbelag gibt es im Zoofachhandel sogenannte Kleintierstreu. Sie besteht aus Hobelspänen ohne Imprägnierstoffe. Als Nestmaterial dienen Heu, Stroh, dünne Zweige, Papierschnitzel und Zellstoff. Vor Watte muß hier gewarnt werden, weil der Hamster sich die dünnen Fäden leicht um seine Füße schlingen kann, die dann absterben können.

Als Futternapf für Trocken- und Saftfutter eignet sich ein flaches Keramikschälchen am besten.

Um das Trinkwasser hygienisch sauber zu halten, haben sich die Nippeltränken, außen am Käfig befestigte Trinkflaschen, bewährt.

Die sorgfältige Pflege von Käfig und Zubehör ist von großer Bedeutung. Sie wird in ihrer Wichtigkeit leider oft unterschätzt. Die Urin-Ecken sollten

jeden zweiten Tag entfernt und die komplette Einstreu sollte einmal pro Woche gewechselt werden. Bei so einem Einstreuwechsel werden Käfig und Zubehör mit heißem Wasser abgewaschen, ebenso Futternapf und Nippeltränke. Vorsicht, keine scharfen Desinfektionsmittel verwenden!

Ernährung

Der Hamster benötigt täglich 15 bis 20 g Futter. Empfehlenswert ist ein Pellet-Alleinfutter. Weitere geeignete Futtermittel sind alle Getreidesorten sowie hartes Brot, Sonnenblumenkerne, Nüsse und sogar Hundekuchen. Zum Nagen bietet man ihm Zweige und Knochen an.

Als Saftfutter kommen Salat, Möhren, Äpfel, Birnen, Löwenzahn und Kohl in Frage.

Hamster benötigen auch tierisches Eiweiß. Bei Eiweißmangel sind die Tiere allgemein geschwächt, magern ab, und ihre Muskeln bilden sich zurück. Eiweiß füttert man in Form von Milch, Fleisch, Mehlwürmern, Fisch und hartgekochtem Ei zu.

Um seinen Salzbedarf zu decken braucht der Hamster einen Salzleckstein, der zur Standardausrüstung jedes Hamsterkäfigs gehört.

Der nachtaktive Hamster verbringt die meiste Zeit des Tages schlafend. Wenn er aber wach wird, ist sein Tatendrang kaum zu bremsen.

Krankheiten

Virale Erkrankungen

Die bekannteste Hamsterkrankheit, die durch ein Virus verursacht wird, ist die Lymphozytäre Choriomeningitis, kurz LCM. Meist sind junge Tiere im Alter von drei bis sechs Monaten davon betroffen. Sie infizieren sich untereinander durch Körperausscheidungen, Milch, Speichel oder bereits in der Gebärmutter. Echte Krankheitssymptome wie Bindehautentzündung, Krämpfe und Lähmungen werden nur selten beobachtet.

Die LCM ist eine Zoonose. Das bedeutet, daß der Mensch sich beim Hamster anstecken kann. Beim Menschen äußert sich die LCM mit grippeähnlichen Symptomen oder als Hirnhautentzündung, bei schwangeren Frauen kann sie sogar zu Mißbildungen und Fehlgeburten führen. Man sollte deshalb nur Hamster aus LCM-freien Betrieben erwerben.

Bakterielle Infektionen

Bakterielle Erkrankungen betreffen beim Hamster sowohl den Atmungs- als auch den Verdauungstrakt. Salmonellen und Colibakterien führen zu

Ausgiebiges Ruhen ist für den Hamster sehr wichtig. Wenn er schlafen will, zieht er sich meist in ein selbstgebautes Nest zurück.

Durchfällen, Staphylokokken und Streptokokken verursachen Erkrankungen der Atemwege, Bindehautentzündung oder Abszesse durch Verletzungen von Haut oder Schleimhaut. Solche Verletzungen kommen oft in den Backentaschen und in der Mundhöhle vor. Sie werden durch spitze und harte Futterteile verursacht.

Das erste Anzeichen für eine solche Erkrankung ist die Appetitlosigkeit des Tieres. In diesem Fall muß eilig der Tierarzt aufgesucht werden, denn hungernde Hamster verlieren schnell an Gewicht und an Körpertemperatur.

»Wet Tail«

»Wet Tail« bedeutet »nasser Schwanz« und bezeichnet eine hartnäckige Durchfallerkrankung, die besonders Tiere im Alter zwischen sechs und acht Wochen betrifft. Die Hamster trocknen durch Flüssigkeitsverlust schnell aus, werden apathisch und magern ab. Der Tod tritt innerhalb von 48 Stunden ein. Bei langsamerem Krankheitsverlauf fällt dem Besitzer zuerst der nasse Schwanz und der wässerig-blutige Durchfall auf. Es bleibt für eine Behandlung, wie erwähnt, nicht viel Zeit. Deshalb sollte rasch der Tierarzt aufgesucht werden.

Bei jeder noch so interessanten Beschäftigung bleibt der Hamster doch immer auf der Hut und beobachtet zwischendurch wachsam seine Umgebung.

Auf der Suche nach etwas Freßbarem entwickeln die flinken Nager große Sportlichkeit. Dieser Hamster streckt sich nach ein paar Eicheln.

Je aufwendiger das Unterhaltungsprogramm für einen Hamster ist, desto glücklicher und gesünder ist er. Langeweile macht ihn müde, träge und krank.

Das Hamsterweibchen kümmert sich rührend um sein Junges. Bei diesen Nagetieren sind die Erwachsenen untereinander unverträglich, deshalb sorgt die Mutter allein für die Jungen.

Hautmilben

Hamster sind die Wirte zahlreicher Milbenarten. Dabei ist eine Übertragung von anderen Vierbeinern wie Hunden, Katzen, Kaninchen, Ratten und Mäusen auf den Hamster durchaus möglich. Der erkrankte Hamster zeigt starken Juckreiz und kratzt sich so heftig, daß er an vielen Stellen sein Fell verliert. Der Tierarzt verordnet entweder wirksame Bäder, oder er spritzt dem Hamster Medikamente gegen Milben.

Das Hörnchen

Domestikation

Die im Zoohandel am häufigsten angebotenen Hörnchen sind die Asiatischen Streifenhörnchen, auch Backenhörnchen genannt. Diese Nagetiere haben sich aus Asien über Europa und Afrika bis Nord- und Südamerika ausgebreitet.
Viel seltener wird der amerikanische Chipmunk angeboten. Beide Hörnchen haben dunkle Längsstreifen auf dem Rücken.
Wesentlich größer als das Streifenhörnchen ist das Eichhörnchen. Die Farbe seines Fells ist hellrot bis braunschwarz. Eichhörnchen gehören nach dem Bundesartengesetz zu den besonders geschützten Arten, deren Haltung verboten ist. Ausgenommen hiervon sind verletzte oder kranke Tiere, die zur Pflege aufgenommen werden mit dem Ziel, sie wieder freizulassen.

Art und Wesen

Streifenhörnchen sind tagaktive Heimtiere, die zum Schlafen die Nacht nutzen. Es ist ratsam, diese flinken und charmanten Nager einzeln zu halten, da besonders weibliche Tiere sehr aggressiv gegenüber anderen Artgenossen werden können. Will man Streifenhörnchen zähmen, benötigen sie sehr viel Zeit und Zuwendung – natürlich auch, nachdem sie gezähmt sind.
Diese Nager gemeinsam mit anderen Heimtieren zu halten ist nicht unproblematisch. Streifenhörnchen können kleinen Käfigvögeln gefährlich werden.

Haltung und Pflege

Streifenhörnchen haben einen ausgeprägten Bewegungsdrang, dem man mit der Größe des Käfigs Rechnung tragen muß. Ein Käfig sollte daher mindestens 80 cm breit, 60 cm tief und 120 cm hoch sein. Idealerweise sollten zwei Wände aus Holz bestehen, damit das Hörnchen gut klettern kann, und zwei Wände aus Maschendraht mit einer Maschenweite von 1,5 cm. Solche Käfige sind im Zoohandel erhältlich. Sie werden dort als Großvolieren für kleine und große Vögel angeboten. Haben diese Volieren keine Holzverkleidung, so kann man sie nachträglich anbringen.
Trotz eines großen Käfigs ist der tägliche Freilauf im Zimmer unerläßlich – natürlich unter Aufsicht, damit Gefahren vermieden werden können.
Der Standort des Käfigs muß so gewählt werden, daß keine Zugluft und

Steckbrief

Gewicht:	bis 125 g
Länge:	25 cm
Trächtigkeitsdauer:	35 Tage
Lebenserwartung:	6 – 12 Jahre
Pflegeaufwand:	hoch

Bild linke Seite: Das Asiatische Streifenhörnchen trägt einen irreführenden Namen, denn es hat sich mittlerweile von Asien über Europa bis nach Amerika ausgebreitet.

Viele Hörnchenarten sind Einzelgänger, die nur in der Paarungszeit den Weg zu einem Artgenossen suchen. Bei dieser Gruppe hier handelt es sich um ein paar Jungtiere vor ihrem Bau.

keine direkte Sonneneinstrahlung das Hörnchen treffen. Räume mit permanenter Geräuschkulisse sind ebenfalls zu vermeiden.

Die Inneneinrichtung eines Hörnchenkäfigs besteht aus ein bis zwei Kletterbäumen, einem Schlafhäuschen (15 x 15 x 15 cm) und einem Laufrad, das groß und stabil sein muß, damit sich das Tier nicht darin verletzt. Ein Laufrad ist aber keine Alternative zum täglichen Auslauf in der Wohnung. Als Einstreu dienen Sägespäne, Heu oder Laub. Zwischendurch kann man dem Nagetier auch einmal ein Erdbad in frischer Erde (in einer Gärtnerei erhältlich) gönnen.

Als Futternäpfe bewähren sich standfeste Keramikschalen für den Boden oder Plastiknäpfe, die im Gitter eingehängt werden. In einer Nippeltränke bleibt das Trinkwasser hygienisch sauber.

Futterplatz und Wassertränke müssen täglich gereinigt werden. Die Einstreu sollte alle fünf Tage komplett gewechselt werden, wobei die Bodenschale gleich mit heißem Wasser gereinigt werden kann. Ihr Schlafhäuschen halten die Streifenhörnchen selber sauber, allerdings muß das Nestmaterial gewechselt werden, sobald es riecht.

Ernährung

Eine tägliche Ration von ein bis zwei Eßlöffeln Mischfutter dient dem

Da Hörnchen in freier Natur viele Feinde haben, ist große Wachsamkeit für sie überlebenswichtig. Diese erdbewohnenden Arten stellen sich auf ihre Hinterbeine, um nach Gefahr Ausschau zu halten.

Streifenhörnchen werden in Fachgeschäften relativ häufig angeboten. Sie sind sehr agil und unternehmungslustig. Da sie viel Bewegungsfreiheit benötigen, fühlen sie sich nur in einer geräumigen Zimmervoliere richtig wohl.

Streifenhörnchen als Grundnahrung. Im Zoofachhandel erhält man speziell für Hörnchen zusammengestellte Futtermischungen. Als zusätzliche Proteinquelle sollten dem Futter Insekten beigemischt sein. Auch Mäuse-Pellets übernehmen die Funktion des Grundfutters. Zusätzlich freuen sich Hörnchen über Nüsse, Eicheln und Bucheckern. Frisches Obst wie Äpfel, Pfirsiche und Brombeeren sind ein willkommenes Saftfutter. Auch trockenes Brot fressen Hörnchen gerne. Zur Deckung des Eiweißbedarfes füttert man entweder frisches Rindfleisch oder zwei bis drei Mehlwurmlarven zu. Ein Minералleckstein und frisches Trinkwasser gehören in jeden Hörnchenkäfig.

Krankheiten

Virale Erkrankungen

Bei Hörnchen kommt eine Virusinfektion vor, die der Myxomatose des Kaninchens stark ähnelt. Die Augenlider, die Lippen und die Ohren schwellen an, es kommt zu Augen- und Nasenausfluß. Der gesamte Halsbereich schwillt dabei so stark zu, daß eine Futteraufnahme unmöglich wird. Die Krankheit führt nach einer Woche sicher zum Tod.

Bakterielle Infektionen

Bakterielle Infektionen sind bei Hörnchen vergleichsweise selten. Eitererreger spielen bei Haut- und

Schleimhautverletzungen eine große Rolle. Auch bakterielle Darm- und Lungenentzündungen kommen vor. Dabei sei darauf hingewiesen, daß Fehler in der Haltung – durch falsche Fütterung oder Zugluft – den Bakterien erst die Möglichkeit geben, das Hörnchen zu befallen. Daher sollte man im Krankheitsfall – abgesehen von der antibiotischen Behandlung durch den Tierarzt – dringend über eine grundlegende Verbesserung der Haltungsbedingungen nachdenken.

Schock

Das Nervenkostüm der Hörnchen ist nicht sehr belastbar. In Streßsituationen zeigen diese flinken Nager oft Schocksymptome. Besonders beim Transport, beim Einfangen und bei Hitzestau durch starke Sonneneinstrahlung kann dies passieren. Dabei sinkt die Körpertemperatur der Hörnchen auf unter 33 °C ab, sie werden orientierungs- und sogar bewußtlos. Hier ist schnelle Hilfe nötig. Die Behandlung durch den Tierarzt besteht in der Verabreichung von Glukoselösung und Kortison.

Schwanzspitzen-Nekrose

Eine Schwanzspitzen-Nekrose ist ein Absterben des Gewebes an der Schwanzspitze. Oft ist eine Verletzung die Ursache für dieses Leiden. Wenn sich zusätzlich Pilze in der Wunde ansiedeln, ist die Nekrose programmiert. Man sollte sich hier nicht lange mit konservierender Behandlung aufhalten. Die großzügige Amputation des befallenen Teiles durch den Tierarzt ist dann leider unumgänglich.

Das Eichhörnchen ist durch das Bundesartengesetz streng geschützt. Nur in Ausnahmefällen dürfen kranke und verletzte Tiere zur Pflege in menschliche Obhut aufgenommen werden.

Der Igel

Der Igel gehört zu den ältesten echten Säugetieren. Weil er nicht domestizierbar ist, bleibt er ein Wildtier. Laut Bundesnaturschutzgesetz steht er unter strengem Schutz: Er darf prinzipiell nicht in Gefangenschaft gehalten werden.

Es ist allerdings in den meisten Ländern gestattet, verletzte, kranke oder hilflose Igel aufzunehmen, um sie gesundzupflegen.

Das Gewicht eines im Spätherbst gefundenen Igels entscheidet über seine »Hilflosigkeit«.

Man sagt, daß ein junger Igel, der weniger als 600 g wiegt, den Winter wahrscheinlich aus eigener Kraft nicht übersteht.

Art und Wesen

Igel sind absolute Einzelgänger, die sich nur zu der sehr kurzen Paarungszeit zusammenfinden. Werden sie zur Krankenpflege gemeinsam gehalten, kommt es unweigerlich zu heftigen Beißereien. Es passiert auch nicht selten, daß ein Igel versucht, seinen Pfleger zu beißen.

Igel werden prinzipiell nicht als Tollwutträger angesehen. Oft fürchten Menschen, die sich mit einem Igel näher beschäftigen, daß er Tollwut haben könne, weil er oft stark speichelt.

Aber keine Sorge – das Speicheln gehört zu einer typischen Sinnesreaktion des Tieres und hat mit der tödlichen Tollwut nichts zu tun.

Haltung und Pflege

Wenn man einen Igel aufgenommen hat, sollte man ihn baldmöglichst einem Tierarzt vorstellen, der ihn von Parasiten befreit und auf Infektionen hin untersucht.

Igel sind recht wärmebedürftig und benötigen eine Umgebungstemperatur von 18 bis 22 °C. Bei niedrigeren Temperaturen verweigern sie das Futter.

Zur Unterbringung brauchen Igel ein Schlafhaus, das aus einem oben geschlossenen Pappkarton besteht. Mit einem hineingeschnittenen Eingang gleicht dieser Karton einer Höhle, wie sie der Igel in freier Natur als Unterschlupf nutzt. Der Boden des Kartons wird mit Zeitungspapier ausgelegt und das gesamte Schlafhaus mit zerknülltem Zeitungspapier gefüllt. Auf keinen Fall darf der Bodenbelag aus Styropor, Plastik oder Sägemehl bestehen, weil der Igel sonst allzu leicht Teile verschlucken und dadurch schwer erkranken könnte. Der Bodenbelag sollte täglich gewechselt oder gereinigt werden.

Steckbrief

Gewicht:	bis 800 g
Länge:	30 cm
Trächtigkeitsdauer:	35 Tage
Lebenserwartung:	bis 5 Jahre
Pflegeaufwand:	gering

Bild linke Seite:
Igel sind geschützte Tiere, die nicht gefangen werden dürfen. Wer allerdings im Spätherbst einen jungen oder kranken Igel findet, kann ihn ohne weiteres zu Hause gesund pflegen, um ihn dann im Frühjahr wieder freizulassen.

Katzen- oder Hundefutter aus der Dose sind gute Möglichkeiten, Igel in der Zeit ihrer Rehabilitation zu ernähren.

Ernährung

Igel sind nachtaktive Tiere und nehmen deshalb erst bei Einbruch der Dämmerung Futter zu sich. Zur Ernährung eignet sich Dosenfutter für Hunde oder Katzen besonders gut. Man sollte es mit Futterkalk, gekochten Karotten und Wasser durchmischen. Auch Hackfleisch, gekochte Eier und Obst (Bananen, weiche Birnen, Äpfel) bewähren sich. Getrocknete Garnelen, Knorpel von Hühnerknochen und gekochte Karotten sind für den Pflegling lebenswichtige Ballaststoffe. Schnecken und Insekten aus dem Garten sind oft Träger von Darmparasiten und sollten an den Igel deshalb nicht verfüttert werden. In freier Natur würde er sie zwar auch fressen, aber da er zum Hochpäppeln aufgenommen wurde, muß seine Nahrung möglichst unproblematisch sein.

Das Trinkwasser sollte täglich gewechselt werden. Niemals darf man einem Igel Kuhmilch anbieten, auch nicht, wenn sie mit Wasser verdünnt ist. Igel sind diese Milch nicht gewöhnt und bekommen davon hartnäckigen und lebensbedrohlichen Durchfall.

Für sehr kleine Igel unter 100 g eignet sich Katzenmilchersatz oder eine

Schlagsahne, Fen-
mmkreide. Alle drei
ß das Igelkind ge-
0 g Gewicht wer-
langsam auf
te Bananen
t.
er Haltung
terung. Igel
icherfähigkeit
aufnehmen. In
lten sie nicht
00 g auf die Waa-
überfettete Tiere
erscheinungen.

Krankheiten

Durch die Klimaerwärmung in den letzten Jahrzehnten in unseren Breiten kommen noch im Herbst Igel auf die Welt, die das für den zehrenden Winterschlaf nötige Mindestgewicht von 600 g nicht rechtzeitig erreichen können. Auch erwachsene Igel, die im Spätherbst umherlaufen, sind meist krank, untergewichtig und für den Winter nicht gerüstet. Im Schnee gefundene Tiere sollte man in jedem Fall über die kalte Jahreszeit bei sich aufnehmen.

Bei Gefahr oder wenn er angefaßt wird, rollt sich der Igel zusammen. Dieses Verhalten wird hier von zwei Jungigeln eindrucksvoll demonstriert.

Bild oben:
Nach einer Tragzeit von 5 bis 6 Wochen bringt das Igelweibchen zwischen 5 und 7 Junge zur Welt.

Bild rechts:
Igel lassen sich von einem Hund nicht aus der Ruhe bringen. Sie rollen sich in ihrer stachelbewehrten Haut zusammen, bis der Angreifer das Weite sucht.

Verletzungen

Zuerst muß der aufgenommene Igel auf Wunden untersucht werden. Etwaige Verletzungen sind zu reinigen und von Fliegenmaden oder -eiern zu befreien. Zur Reinigung eignet sich Betaisodona-Lösung, nachträglich aufgetragene Antibiotika-Salben sorgen für rasche Heilung.

Flöhe und Zecken

Die meisten Igel haben Flöhe, die aber glücklicherweise nicht auf den Menschen übergehen. Der Igelfloh ist relativ groß. Er wird an Größe nur vom Floh des Maulwurfs übertroffen. Da diese Schmarotzer den kleinen Igel durch ihr Blutsaugen oft stark schwächen, ist früh mit der Behandlung zu beginnen, indem man den Igel mit Insektiziden wäscht oder ihn damit besprüht.

Viele Igel leiden unter Zecken, die sich zwischen den Stacheln in der Haut festgebissen haben. Sie sind mit einer Pinzette leicht zu entfernen. Allerdings muß die Pinzette dicht an der Hautoberfläche angesetzt werden, damit der Zeckenkopf nicht in der Haut stecken bleibt.

Würmer

Neben zahlreichen anderen Darmparasiten leiden Igel auch unter Würmern. Besonders oft sind sie von gefährlichen Lungenwürmern befallen. Diese Parasiten schwächen die Abwehr der Lunge und führen zu Atemnot. Hier kann der Tierarzt mit einer Spritze helfen.

Bakterielle Infektionen

Die erwähnten Lungenwürmer machen die Lunge anfällig für Infek-

Wenn sie im Spätherbst weniger als 600 g wiegen, können Igel den Winter aus eigener Kraft überstehen. Solche Tiere haben großes Glück, wenn sie von hilfsbereiten Menschen aufgenommen werden.

Der Igel gehört zur Ordnung der Insektenfresser und ist mit dem Maulwurf und der Spitzmaus verwandt, auch wenn sein Aussehen das kaum vermuten läßt.

tionen. Eine Lungenentzündung ist bei Igeln wohl die häufigste Todesursache. Hier leistet der Tierarzt Abhilfe mit Antibiotika, die unter das Futter gemischt werden.

Stachelausfall

Erwachsene Igel ersetzen ständig abgestoßene, alte Stacheln durch neue. Jungtiere werfen ihre Jugendstacheln während des Wachstums massenhaft ab. Diese Vorgänge sind natürlich und daher kein Grund zur Beunruhigung.

Im Krankheitsfall kommen mehrere Ursachen für den Verlust von Stacheln in Frage. Ein Grund können Milben sein, die sich vor allem im Kopfbereich und dort besonders in den Ohren ansiedeln. Die Haut zeigt dann borkige Auflagerungen, die Stacheln fallen großflächig aus, und der Igel leidet unter schier unstillbarem Juckreiz. Beim Tierarzt erhält man Mittel zum Waschen oder Einsprühen, um die Milben schnell zu beseitigen.

Zeigt der Igel Stachelausfall ohne Juckreiz, ist wahrscheinlich ein Mangel der Nahrung an Vitaminen und Spurenelementen die Ursache. Kombinationspräparate aus Vitaminen, Mineralstoffen und Spurenelementen können hier helfen. Im freien Handel sind dementsprechende Flüssigkeiten erhältlich, die tropfenweise mit dem Trinkwasser verabreicht werden.

Bild oben:
Der Igel ist nicht sehr scheu und erträgt die Nähe des Menschen. Wenn es sein muß, kann sich das rundliche Stacheltier auch sehr flach machen.

Bild links:
Freiwillig würde der Igel wohl nicht ins tiefe Wasser gehen. In Überschwemmungsgebieten kann er sich aber retten, denn er ist ein recht guter Schwimmer.

Das Kaninchen

Domestikation

Das Kaninchen wird noch nicht lange als Haustier gehalten. Um das Jahr 1000 n. Chr. haben es französische Mönche in Gefangenschaft gezüchtet, und erst seit dem 16. Jahrhundert gibt es verschiedene Farbspielarten.
Heute sind über hundert verschiedene Kaninchenrassen bekannt, vom 1 kg leichten Zwergkaninchen bis zum Deutschen Riesen mit einem Gewicht von 8 kg. Die einzelnen Rassen unterscheiden sich nicht nur in ihrem Gewicht und ihrer Farbe, sondern auch in ihrer Fellbeschaffenheit. Das Angora-Kaninchen hat zum Beispiel ein recht langes und feines Haarkleid – es kann im Jahr über 1 kg Wolle produzieren.

Art und Wesen

Europäische Wildkaninchen, von denen das Hauskaninchen abstammt, leben in Gruppen und innerhalb einer strengen Hierarchie. Fremde Kaninchen werden nicht geduldet. Rammler fechten dauernd und aggressiv Rangordnungskämpfe aus, während Häsinnen friedlicher miteinander leben. Starke Rammler bespritzen rangniedere Rivalen und Häsinnen mit Urin. Sie haben eine feste Partnerin, aber auch Nebenfrauen. Kot und Urin werden an bestimmten Plätzen zur Abgrenzung des Territoriums abgesetzt. Zur Bereichsmarkierung reiben Kaninchen ihre Duftdrüse am Kinn auch an bestimmten Gegenständen. Bei Gefahr warnen Kaninchen sich gegenseitig durch rasches Klopfen mit den Hinterbeinen. Ihr Geruchs- und ihr Gehörsinn sind sehr gut entwickelt.
Kaninchen sind Pflanzenfresser mit stets gefülltem Magen, ohne Nüchternphasen und mit der Besonderheit der Koprophagie: Sie fressen helle, weiche, aus dem Blinddarm stammende Kotkügelchen zum zweiten Mal, wobei diese im Magen mit frischer Nahrung vermischt und dann endgültig verdaut werden. Erst danach produzieren sie die charakteristischen, harten und trockenen Kotkügelchen. Dieses System gewährleistet, daß die durch Bakterien zersetzte Zellulose gut verdaut wird und die Nährstoffe optimal ausgenutzt werden. Die Kaninchen nehmen die weichen Kotkügelchen meist in der Nacht und direkt vom After auf. Kaninchen sind dämmerungsaktiv. Sie haben als Heimtier eine Lebenserwartung von maximal 12 Jahren.

Haltung und Pflege

Kaninchen sind als Heimtiere wegen ihrer Rangordnungskämpfe nur schwer

Steckbrief

Gewicht:	2 – 3 kg
Länge:	bis 40 cm
Trächtigkeitsdauer:	bis 31 Tage
Lebenserwartung:	bis 12 Jahre
Pflegeaufwand:	mittel

Bild linke Seite: Früher wurde das Kaninchen nur wegen seines Fleisches in einem Stall gehalten und gezüchtet. Heute gehört es zu den mit Abstand beliebtesten Heimtieren.

Wer ein Kaninchen halten will, sollte ihm die Möglichkeit bieten können, den Sommer in einem Gehege im Garten zu verbringen.

Bild linke Seite: Gerade junge Zwergkaninchen sehen besonders possierlich aus. Sie werden in verschiedenen Farben gezüchtet.

in der Gruppe zu halten. Unkastrierte Rammler vertragen sich untereinander überhaupt nicht, während Häsinnen und kastrierte Rammler einigermaßen Frieden halten. Für eine Gruppenhaltung, die den Lebensgewohnheiten dieser Tiere am meisten entspricht, wählt man am besten weibliche Geschwister als Jungtiere aus. Auch eine gemeinsame Haltung weiblicher Zwergkaninchen und Meerschweinchen ist in der Regel unproblematisch.

Kaninchen werden in Käfigen oder kleinen Ställen gehalten, wobei ein erwachsenes Kaninchen eine Fläche von mindestens 0,2 Quadratmetern benötigt. Bei Haltung in der Wohnung sollte der Käfig auch eine Schlafbox enthalten, in der das Tier sich verstecken kann. Als Standort wähle man in einem ruhigen Zimmer einen

Tisch oder ein Gestell, ohne Zugluft und nicht an einer Heizung. Zum Einstreuen empfiehlt sich weiches Stroh und Heu. Das Kaninchen empfindet Zimmerwärme zwischen 18 und 20 °C als angenehm, ist jedoch extrem hitzeempfindlich. Temperaturen über 25 °C können lebensbedrohend sein, was man auch bei Transporten im Sommer beachten muß. Wenn Kaninchen im Sommer in Freigehegen allein gelassen werden, müssen sie vor Sonneneinstrahlung geschützt sein – es darf nicht zu warm werden. Man muß bedenken, daß Kaninchen in freier Wildbahn die heiße Tageszeit im kühlen Bau verbringen und ihn erst in der Dämmerung verlassen. Das Freigehege sollte übrigens fest gebaut und im Boden mindestens 30 cm tief mit Maschendraht versehen sein, damit die Tiere sich nicht hindurchgraben können. Von oben sollte es gegenüber Greifvögeln mit Maschendraht abgedeckt sein.

Das Schwarzloh-Kaninchen gehört wegen seiner ansprechenden Fellfärbung zu den beliebtesten Zwergkaninchenrassen.

Man kann ein Kaninchen daran gewöhnen, seinen Kot und Urin in der Wohnung nur an einer bestimmten Stelle abzusetzen, indem man dort schon beim ersten Auslauf eine Schale mit Katzenstreu abstellt, auf der bereits ein paar Kotkügelchen liegen. Das Tier sollte vor dem Füttern laufengelassen werden, weil dann der Drang, sich zu entleeren, nicht so groß ist. Man sollte Kaninchen jedoch niemals unbeaufsichtigt in der Wohnung freilassen, weil sie durch Beknabbern Schaden anrichten oder selbst erleiden können.

Kaninchen haben keinen regelmäßigen Sexualzyklus; der Eisprung der Häsin wird durch den Deckakt ausgelöst. Nach einer Trächtigkeit von im Durchschnitt 31 Tagen setzt die

Das Angora-Kaninchen hat ein sehr feines und langes Fell. Es kann in einem Jahr über 1 kg Wolle produzieren.

Kaninchen gehören zu den fruchtbarsten Säugetieren. Ein Muttertier kann bis zu sechsmal im Jahr Junge haben, die ihrerseits bereits mit vier Monaten geschlechtsreif sind.

Häsin drei bis acht Jungtiere, die blind und ohne Behaarung sind. Sie öffnen ihre Augen nach acht bis zehn Tagen. Nur einmal am Tag werden sie von der Häsin gesäugt. Kaninchen sind in der Regel friedliche und angenehme Hausgenossen. Um sie hochzunehmen, faßt man das Nackenfell und unterstützt mit der anderen Hand das Hinterteil. Man setzt das Tier auf einen Unterarm und faßt mit der freien Hand in sein Nackenfell, damit es nicht plötzlich herunterspringen kann. Auf keinen Fall darf es an den Ohren hochgezogen werden. Ein sicherer Griff und ruhige Bewegungen sind die Voraussetzung, um Schreckreaktionen des Tieres zu vermeiden.

Ernährung

Kaninchen fressen außer dem käuflichen Fertigfutter und Heu gern Grünfutter wie Löwenzahn, Spitz- und Breitwegerich, junge Brennesseln, Schafgarbe, Möhrenkraut, Feldsalat, Chicorée, Rettichblätter, Petersilie, Salbei, Bohnenkraut und Liebstöckel. Kohl, Kopfsalat und rohe Kartoffel sind weniger geeignet. Unter den Rüben und Knollen mögen sie Möhren, Kohlrabi, Sellerie und Fenchel, als Obst Äpfel und Birnen.
Man muß beachten, daß bei Fütterung von zuviel Fertigfutter, Grünfutter und Wurzelfrüchten der Nährstoffanteil zu hoch, der Rohfaseranteil aber zu niedrig ist. Deshalb gilt als Grundregel: Knappe Gaben von frischem und von Fertigfutter, dafür reichlich gutes Heu.
Heu wird in der Raufe gereicht. Wasser wird täglich frisch in Zimmertemperatur in die Flasche mit Trinknippel gefüllt. Es muß für die Tiere immer erreichbar sein.

Krankheiten

Myxomatose

Die Myxomatose ist eine tödliche Seuche, die durch Pockenviren verursacht wird. Besonders oft tritt sie in Gegenden mit hohem Wildkaninchenbesatz auf. Die Viren werden durch Stechmücken und durch den Kaninchenfloh übertragen. Die Gefahr einer Infektion ist in den heißen Sommermonaten von Juni bis August besonders groß, weil es dann mehr Mücken gibt.
An Myxomatose erkrankte Kaninchen haben Schwellungen an Augenlidern, Mund Nase, Ohren und Geschlechtsorganen; sie sterben meist nach kurzer Zeit.
Die Myxomatose befällt eigentlich nur solche Heimkaninchen, die draußen gehalten werden. Daher tut der Kaninchenhalter gut daran, den Kaninchenstall durch Fliegengitter, Leimstreifen und chemische Insektizide von Mücken frei zu halten. Das Mittel der Wahl ist allerdings die Impfung gegen Myxomatose. Sie sollte auch bei Kaninchen, die nur zeitweise im Freien gehalten werden, unbedingt durchgeführt werden. Diese Impfung ist halbjährlich zu wiederholen.

Chinaseuche

Die Chinaseuche hat ihren Namen daher, daß sie erstmals in China bei Angora-Kaninchen beschrieben wurde. Sie heißt auch RHD (Rabbit Haemorrhagic Disease). Der Erreger ist ein Virus, das sowohl durch direkten Kontakt als auch durch Stechinsekten übertragen werden kann. In den meisten Fällen führt die Chinaseuche (RHD) zum Tod des Kaninchens, wobei die Tiere sehr plötzlich unter Erstickungskrämpfen und lauten Schreien sterben. Zum Krankheitsbild gehört oft ein blutiges Nasensekret. RHD ist anzeigepflichtig! Eine Therapie gegen die Chinaseuche ist nicht bekannt. Ähnlich wie bei der Myxomatose ist der im Freien befindliche Kaninchenstall vor Insekten zu schützen. Zum Glück gibt es gegen die RHD eine Impfung, so daß man im Freien gehaltene Tiere schützen kann. Diese Impfung muß jährlich wiederholt werden. Der Kaninchenhalter darf nicht vergessen, daß auch kurze Ausflüge seiner Pfleglinge ins Freie die Gefahr einer Infektion mit Chinaseuche oder Myxomatose in sich bergen, wenn die Tiere nicht geimpft sind.

Ansteckender Kaninchenschnupfen

Bakterien, die die oberen Atemwege,

Bild rechte Seite: Nicht alle Hauskaninchen sind klein und niedlich. Dieser Deutsche Riesenschecke bringt es, wenn er ausgewachsen ist, auf eine beachtliche Größe. Man sollte sich also immer vor dem Kauf über das Wachstum der Tiere informieren.

die Augen, das Mittelohr und die Lunge befallen, verursachen den Kaninchenschnupfen.
Die Kaninchen zeigen zuerst klaren, später eitrigen Augen- und Nasenausfluß und häufiges Niesen. Durch das Putzen von Augen und Nase ist das Fell oft an der Innenseite der Vorderpfoten mit getrocknetem Sekret behaftet. Wenn das Mittelohr betroffen ist, halten die Kaninchen den Kopf schief und rollen sich im fortgeschrittenen Stadium immer wieder um ihre Längsachse. Bei ersten Anzeichen von Entzündungen an Nase und Augen ist rasch der Tierarzt aufzusuchen, der dem Kaninchen mit Antibiotika helfen kann.

Staphylokokkeninfektionen

Staphylokokken sind hartnäckige Eitererreger, die durch kleine Verletzungen rasch in die Haut oder Schleimhaut eindringen und große, abgekapselte Abszesse (Eiterbeulen) hervorrufen. Solche Verletzungen finden sich oft in der Nähe der Mundhöhle, und zwar entstanden durch spitze Strohhalme, hartes, kantiges Futter oder scharf abgeschliffene Zähne.
Da der in der Kapselhöhle sich bildende Eiter ständig an Menge zunimmt, umliegendes Gewebe und Knochen befallen kann und über den Blutweg sogar den ganzen Körper erreicht, ist hier bei den ersten Anzeichen wie Schwellungen in der Unterhaut und Futterverweigerung schnellstens der Tierarzt aufzusuchen, der durch örtliche Wundbehandlung und Antibiotika die Bakterien bekämpfen kann.

Hautpilz

Juckreiz an Vorder- und Hinterläufen sowie kahle Stellen in der Nähe der Ohren sind typische Anzeichen einer Hautpilzerkrankung. Die befallenen Hautstellen jucken stark.
Vorsicht, der Hautpilz des Kaninchens ist auch auf den Menschen übertragbar! Beim Umgang mit erkrankten Tieren sollte man deshalb besser Handschuhe tragen.
Oft infizieren sich Kaninchen mit Hautpilz, wenn sie unter mangelhaften Haltungsbedingungen leben. Schlechte Hygiene, Feuchtigkeit und verschimmeltes Futter leisten der Erkrankung Vorschub. Beim Tierarzt erhält man Medikamente, die durch Eingabe oder durch äußerliche Anwendung den Pilz beseitigen.

Appetitlosigkeit

Wenn das Kaninchen aufhört zu fressen, ist dies ein deutliches Zeichen für eine ernsthafte Erkrankung, und der Tierarzt ist unverzüglich aufzusuchen. In häufigen Fällen sind ungleichmäßig abgeschliffene Zähne der Grund für die Appetitlosigkeit. Durch schiefen Abschliff der Backenzähne entstehen messerscharfe Spitzen, die in die Backenschleimhaut eindringen und starke Schmerzen verursachen. Schief wachsende Schneidezähne, die sich beim Knabbern nicht abschleifen und ungehindert wachsen, machen es dem Kaninchen natürlich nach einiger Zeit unmöglich, Futter aufzunehmen.
Auch Parasiten der inneren Organe und Infektionen des Darmes veranlassen das Kaninchen, das Futter zu verweigern. Solche Infektionen können eine Anschoppung (Überfüllung) des Blinddarminhaltes und starke Blähungen nach sich ziehen. In diesem Fall trommelt das Kaninchen vor Bauchschmerzen mit den Hinterbeinen auf den Boden. Diese Krankheit nennt man daher auch »Trommelsucht«.

Die Maus

Domestikation

Die ersten farbigen Mäuse wurden schon 1100 v. Chr. in China gezüchtet. Heute fristen die meisten gezüchteten Mäuse als Labortiere ein trauriges Dasein. Liebhaber halten die flinken Nagetiere gerne, weil sie leicht zu zähmen sind und sich durch Intelligenz, Genügsamkeit und Vitalität auszeichnen.

Die domestizierten Mäuse sind Zuchtformen der Hausmaus. Am bekanntesten ist die sprichwörtliche Weiße Maus, eine Albinoform mit roten Augen. Daneben gibt es noch einfarbig schwarze, wild- und cremefarbene sowie taubengraue Mäuse mit roten oder auch schwarzen Augen.

Art und Wesen

Die Maus ist ein Gruppentier, für das sozialer Kontakt mit Gleichartigen lebenswichtig ist. Wird sie gegen ihre Natur einzeln gehalten, zeigt sie nach kurzer Zeit Anzeichen von Streß: Ihr Immunsystem wird geschwächt, sie erkrankt und stirbt früher als erwartet. Dies passiert auch, wenn sich der Besitzer nicht ausreichend um das Tier kümmert, sowie bei einer reizarmen Umgebung, die wenig Spielmöglichkeiten bietet.

Haltung und Pflege

Die Haltung von Mäusen ist eigentlich relativ unkompliziert, jedoch sollte man verschiedene Faktoren berücksichtigen.

Entschließt man sich dazu, das Tier in der Wohnung zu halten, ist es wichtig, den richtigen Standort für seinen Pflegling zu wählen.

Zu vermeiden sind Hitze durch Heizkörper oder starke Sonneneinstrahlung, auch Zugluft in der Nähe eines Fensters. Denn Hitze führt zu Trägheit oder sogar zu einem Hitzschlag, und Zugluft und Zigarettenrauch machen die Nager krank. Ebenfalls ist wichtig, daß der gewählte Standort nicht zu unruhig ist: Unruhe läßt Mäuse nervös, hektisch und krankheitsanfällig werden. Selbstverständlich sind auch feuchte und kühle Kellerräume keine geeigneten Standorte für die kleinen Hausgenossen.

Der Mäusebehälter sollte an einem erhöhten Standort stehen, da Nagetiere besonders empfindlich auf eine Gefahr von oben reagieren, auch wenn dies nur die Handbewegung ihres Pflegers ist.

Wird eine Maus draußen gehalten, müssen ebenfalls verschiedene Anforderungen erfüllt werden. Lebens-

Steckbrief

Gewicht:	10 – 40 g
Länge:	10 cm
Trächtigkeitsdauer:	18 – 24 Tage
Lebenserwartung:	bis 4 Jahre
Pflegeaufwand:	mittel

Bild linke Seite:
Da Mäuse sehr fruchtbare Tiere sind, war es ein leichtes für die Heimtierliebhaber, die kleinen Nager in verschiedenen Farbschlägen zu züchten.

Bild linke Seite oben:
Es ist zwar richtig, daß man Mäuse mit Käse ködern kann, dennoch ist dieser Schweizer Lochkäse sicherlich nicht das geeignete Grundnahrungsmittel für die kleinen Nagetiere.

Bild linke Seite unten:
Obst ist für die Mäuse eine wichtige Vitaminquelle. Die Tiere lieben süße Früchte besonders. Das beliebteste Obst auf dem Mäuse-Speiseplan sind übrigens Bananen.

Bild links:
Wenn man die Mäuseernährung mit Gemüse abrunden will, sind Möhren die richtige Wahl, denn sie sind viel leichter verdaulich als Kohl oder Zwiebeln.

wichtig für das Tier ist es, daß seine Körpertemperatur stabil gehalten wird. Dazu sind ein zugfreier Platz, immer genügend frisches und trockenes Nistmaterial und stets ausreichendes Futter nötig.

Die Behausung kann eigentlich nie zu groß sein. Für einen Glasbehälter gelten für ein oder zwei Mäuse als Richtgröße 50 cm Länge, 40 cm Breite und 25 bis 30 cm Höhe.

Im Zoohandel angebotene Mäusekäfige haben den Nachteil, daß sie oft zu klein sind und daher den Tieren nicht genügend Bewegungsfreiheit bieten. Wesentlich empfehlenswerter sind Hamsterkäfige, die unter Umständen noch über eine zweite Ebene verfügen. Die Käfigtüren müssen groß genug sein, daß man alle Winkel im Käfig problemlos erreichen kann. Der Gitterabstand eines Mäusekäfigs sollte 6 bis 7 mm betragen.

Als Futternäpfe verwendet man am besten standfeste und hochrandige Keramiknäpfe, wie sie im Zoohandel erhältlich sind. Als Trinknäpfe können sogenannte Nippeltränken, außen am Käfig befestigte Trinkflaschen, verwendet werden.

Mäuse sind sehr soziale Tiere, die auf keinen Fall allein gehalten werden sollten. Will man unerwünschten Nachwuchs vermeiden, darf man nur gleichgeschlechtliche Tiere pflegen.

Der ideale Mäusekäfig sollte seinen intelligenten und bewegungsfreudigen Insassen viel Abwechslung bieten.
Gegenstände zum Nagen sind für Mäuse sehr wichtig. Hierfür eignen sich besonders gut Papier, Karton oder Knochen.
Die Maus benötigt auch Gegenstände, hinter denen sie sich verstecken und an denen sie ihr Bedürfnis nach Körperkontakt befriedigen kann, z.B. eine leere Dose ohne scharfe Kanten oder einen kleinen Karton.
Auch ein Laufrad ist für Mäuse eine Möglichkeit, ihren Bewegungsdrang auszuleben. Aber Laufräder aus Plastik sollten im Regal der Tierhandlung bleiben, weil sie nicht haltbar genug sind und zernagt werden.
Kleine erhöhte Sitzbretter und Leitern im Käfig geben den Mäusen die Möglichkeit, höhere Gefilde zu erschließen.
Weiches Heu, Holzwolle oder feine Hobelspäne sind als Käfigbodenbelag gut geeignet. Als Material für den Käfig selbst empfiehlt sich Glas, Kunststoff oder rostfreier Stahl. Holz hat den Nachteil, daß es zernagt wird und schlecht zu reinigen ist.
Es sollte nie mehr Futter im Käfig liegen, als gefressen wird. Futternäpfe und Trinkflaschen müssen täglich gereinigt, Urin-Ecken jeden zweiten Tag und die komplette Einstreu einmal in der Woche entfernt werden.
Die Reinigung des Käfigs erfolgt mit heißem Wasser und etwas Essigwasser.

Ernährung

Man sollte seinem Pflegling abwechslungsreiches Futter bieten. Beim Kauf von Körnerfutter ist auf Frische zu achten. Zur Fütterung mit Grün- und

Wie die meisten Kleinnager sind Mäuse wahre Akrobaten, wenn es um die Erschließung neuer Nahrungsquellen geht. Dieses grobgeflochtene Seil ist für diese Tiere eine eher leichte Aufgabe. Sie kämen auch auf einer glatten Wäscheleine zurecht.

Bild oben:
Die Afrikanische Stachelmaus hat ihren Namen daher, daß ihr Rücken mit stacheligen, abgeplatteten Haaren besetzt ist.

Bild rechts:
Die große Besonderheit der Stachelmäuse ist, daß sie eine längere Tragzeit als andere Mäuse haben und weit entwickelte Junge gebären, die sehr früh selbständig werden.

Bild links:
Die Antilopenmaus besticht durch ihre großen schwarzen Augen, ein deutliches Zeichen dafür, daß dieses flinke Nagetier meist nachts unterwegs ist.

Bild unten:
Im Gegensatz dazu ist die Afrikanische Streifen-Grasmaus tagsüber aktiv. Neben Gras- und Getreidesamen gehören auch kleine Insekten zu ihrer Nahrung.

Die Trächtigkeit bei Mäusen dauert nur 21 Tage. Bei einer Geburt können bis zu 12 Junge zur Welt kommen, die ihrerseits nach nur 2 Monaten selber Nachwuchs haben können.

Saftfutter eignen sich Eisbergsalat, Gurke, Karotte, Sellerie, Äpfel, Erdbeeren, Himbeeren und Trauben.
Von blähendem Gemüse wie Kohl oder Zwiebeln sollte Abstand genommen werden. Bananen sind wegen ihrer Süße besonders beliebt. Obst und Gemüse, das verfüttert wird, muß gut gewaschen und getrocknet werden. Quark, Joghurt und Heu dienen als Futterergänzung und Verdauungshilfe.

Krankheiten

Virale Erkrankungen

Bei der Maus kommt ähnlich wie beim Hamster die Lymphozytäre Choriomeningitis (LCM) vor. Nicht alle Tiere, die das Virus in sich tragen, zeigen Symptome. Wenn überhaupt, dann machen sich eher bei infizierten Jungtieren Krankheitszeichen wie Lähmungen oder Krämpfe bemerkbar. Das LCM-Virus ist auch für den Menschen sehr gefährlich. Es verursacht Hirnhautentzündung und bei schwangeren Frauen Mißbildungen des Kindes oder sogar eine Fehlgeburt. Fälle von Ansteckung durch zahme Mäuse sind aber bisher noch nicht bekannt geworden.

Bakterielle Infektionen

Bakterien können bei der Maus sowohl den Magen-Darm-Trakt als auch Lidbindehäute und die Lunge befallen. Oft dringen sie durch Bißwunden

in die Haut ein und bilden Abszesse. Bei jeder Art der bakteriellen Infektion werden die Tiere apathisch und verweigern nach einiger Zeit das Futter. Ohne eine antibiotische Medikation durch den Tierarzt werden bakterielle Infektionen nicht heilen.

Hautparasiten
Mäuse sind die Wirte von Flöhen, Läusen und Milben. Bei einem Befall mit diesen Parasiten zeigen die kleinen Nager starken Juckreiz, der durch das vermehrte Kratzen zu großflächigem Haarausfall führen kann.
Die Behandlung gegen Hautparasiten muß bei Mäusen schnell erfolgen, denn bei ihrer geringen Körpergröße sind sie durch blutsaugende Parasiten sehr gefährdet. Blutarmut bei einer verflohten oder verlausten Maus ist keine Seltenheit. Medikamente gegen die ungeliebten Fellbewohner gibt es beim Tierarzt.

Haarverlust im Gesichtsbereich
Hält man mehrere Mäuse gemeinsam in einem Käfig, so entsteht unter ihnen eine Rangordnung. Das ranghöchste, sogenannte Alphatier festigt seine Position, indem es seinen Untergebenen das Fell im Gesichtsbereich (oft die Tasthaare) abbeißt. Dagegen kann man nicht viel tun, denn nach Entfernung des Alphatiers wird nach einiger Zeit ein anderes Tier aus der Gruppe die Rolle seines Vorgängers übernehmen.

Mäuse haben in der freien Natur viele Feinde. Die Überlebenskünstler kontern mit ihrer hohen Fruchtbarkeit und ihren ausgezeichneten Sinnesorganen. Selbst wenn es stockfinster ist, finden sie sich dank ihrer Tasthaare zurecht.

Das Meerschweinchen

Domestikation

Das Hausmeerschweinchen stammt von den in den Anden lebenden Wildmeerschweinchen ab. Bereits 1000 v. Chr. wurde es domestiziert. Es zählt daher zu den ältesten Haustieren.
In Europa wurde es im 16. Jahrhundert erstmals gehalten und gezüchtet. Heute kennt man verschiedene Formen wie das Abessinische mit struppigem Fell oder Rosetten, das Englische mit glattem Haar und das langhaarige Peruanische oder Angora-Meerschweinchen. Alle Haarformen gibt es in verschiedenen Farben.

Art und Wesen

Meerschweinchen bewohnen in Südamerika Erdbauten auf grasbewachsenen Flächen. Sie leben in kleinen Gruppen und verständigen sich untereinander mit Pfeiflauten. Sie haben einen hervorragend entwickelten Gehör- und Geruchssinn und ein gutes Sehvermögen. Sie sind dämmerungs- und nachtaktiv.
Meerschweinchen haben ein Duftorgan, und zwar eine ovale Region mit Talgdrüsen im Schwanzbereich, die ölig wirkt. Zusätzlich haben die Männchen Ausbuchtungen am After, die sich oft mit Kot oder Heuresten zusetzen. Das Wachstum der Haare hängt unter anderem von der Trächtigkeit der Tiere ab. In den ersten Wochen nach dem Setzen wechselt das Weibchen das Fell unter dem Bauch und an den Flanken. Es hat eine lange Tragezeit von etwa 68 Tagen. Durchschnittlich fünf Junge kommen voll entwickelt mit offenen Augen zur Welt. Sie sind in der Lage, sofort normale Nahrung zu sich zu nehmen. Erstaunlicherweise besitzt das Muttertier für alle Jungen nur zwei Zitzen. Die Männchen können ihre Hoden in die Bauchhöhle zurückziehen.
Meerschweinchen sind gesellige und friedliche Tiere, die fast nie beißen. Nur Männchen sind untereinander sehr aggressiv und kämpfen um die Weibchen.
Gesunde Meerschweinchen sind lebhaft und aufmerksam, haben ein glänzendes, glattes Fell und große, klare Augen. Sie werden als Heimtiere durchschnittlich vier bis acht Jahre alt.

Haltung und Pflege

Der Käfig für ein Meerschweinchen zur Haltung in der Wohnung sollte et-

Steckbrief

Gewicht:	2 – 3 kg
Länge:	bis 30 cm
Trächtigkeitsdauer:	59 – 72 Tage
Lebenserwartung:	4 – 8 Jahre
Pflegeaufwand:	gering

Bild linke Seite: Ursprünglich stammt das Meerschweinchen aus Südamerika. Es wird heute in verschiedenen Farben und Fellvariationen gezüchtet. Hier sind zwei Angora-Meerschweinchen zu sehen.

Vitamin C ist für Meerschweinchen lebenswichtig. Daher gehören verschiedene Obst- und Grünfuttersorten zu jeder artgerechten Meerschweinchenernährung.

wa 80 cm bis 1 m lang, 50 cm breit und 35 cm hoch sein. Eine Abdeckung ist nicht notwendig, da die Tiere nicht klettern. Eine Schlafbox, in der sich das Meerschweinchen – als ein Fluchttier – verstecken kann, darf nicht fehlen.

Der Käfigboden sollte mit einer 4 cm dicken Einstreu-Schicht bedeckt sein, um Geschwüre an den Ballen der Tiere zu vermeiden. Dafür eignet sich Sägemehl, das aber von chemisch unbehandeltem Holz stammen muß. Helles Sägemehl von weichen Hölzern ist saugfähiger als dunkles. Noch besser dafür sind Hobelspäne, da sie weniger Staub enthalten und nicht so stark am Futter haften bleiben. Heu oder weiches Stroh sind zu bevorzugen. Torfmull eignet sich nicht, da es Pilzinfektionen verursachen kann.

Die Umgebungstemperatur sollte 18 bis 26 °C betragen, und der Käfig sollte jederzeit zugfrei und nicht an einer Heizung stehen. Temperaturschwankungen sind zu vermeiden. Wichtig ist im Sommer ein kleines Freigehege mit Weide, unbedingt aber mit einem Sonnenschutz, denn Meerschweinchen bekommen sehr leicht einen Hitzschlag.

Junge Meerschweinchen gewöhnen sich rasch daran, regelmäßig berührt und in die Hand genommen zu werden. Ältere, die nicht daran gewöhnt sind, lassen sich nicht so einfach zähmen. Weibliche Meerschweinchen können problemlos miteinander gehalten werden, bei männlichen verbietet sich dies wegen ihrer Rivalitätskämpfe.

Man kann Meerschweinchen mit Kaninchen zusammen halten, wenn diese jung genug und möglichst Weibchen sind. Man sollte natürlich eine zur Größe des Meerschweinchens passende, kleine Kaninchenrasse wählen.

Ernährung

Als Pflanzenfresser mögen Meerschweinchen das ganze Jahr über frisches Pflanzen- und Grünfutter. Sie sind auf das Vitamin C, das darin enthalten ist, dringend angewiesen. Plötzlichen Futterwechsel sollte man unbedingt vermeiden, und jede Änderung in der Zusammensetzung darf nur allmählich erfolgen. Schon kurz nach der Geburt gewöhnen sich die Tiere an die angebotene Nahrung und sind später nur schwer umzustellen. Das Futter muß mindestens 15% Rohfaseranteil enthalten, da sonst

Damit die Tiere sich möglichst viel bewegen, ist es ratsam, das Obst im Käfig so anzubieten, daß sich die Meerschweinchen anstrengen müssen, um es zu erreichen.

Für Kinder sind Meerschweinchen deshalb besonders geeignet, weil sie sehr duldsam sind und durch häufiges Anfassen und Streicheln nicht in Streß geraten.

die Gefahr besteht, daß die Tiere beginnen, ihre eigenen Haare zu fressen.

Als Grünfutter eignen sich Gras, Salat, Spinat, Chicorée, Löwenzahn, Kohl und grünes Getreide. Unter den Rüben und Knollen kann man Futter- und Steckrüben, Kohlrabi, Möhren und Sellerie verfüttern. Auch Äpfel und Birnen, Tomaten, Gurken und in kleinen Mengen Kartoffeln und Kartoffelflockenkleie kommen als Futter in Frage. Geeignete Körner sind Hafer, auch als Flocken, und Weizen, Gerste, Mais und gekochter Reis. Als Trockenfutter reicht man in kleinen Mengen völlig trockenes Brot und Hundekuchen. Wichtig für die Verdauung ist ausreichend Heu in sehr guter Qualität. Das Grünfutter darf nicht umweltbelastet sein, sollte also zum Beispiel wegen Autoabgasen nicht vom Straßenrand gepflückt werden.

Damit die Nahrung nicht von den Tieren verschmutzt wird, sollen Grünfutter und Heu in einer Raufe und Trinkwasser in einer Flasche mit Saugstutzen angeboten werden. Um stets eine ausreichende Versorgung mit Vitamin C sicherzustellen, sollten dem Trinkwasser täglich 100 mg

Zitronensäure und 20 mg Ascorbinsäure auf 100 ml beigefügt werden.

Krankheiten

Bakterielle Infektionen

Es gibt zahlreiche bakterielle Erreger, die das Meerschweinchen meist über die Luft erreichen. Aus einer solchen Infektion folgen oft schwerwiegende Erkrankungen der Atemwege, des Mittelohrs und der Lidbindehäute in den Augen. Besonders durch Zugluft kann eine starke Erkältung entstehen.

Durch Schnitt- oder Bißverletzungen sowie Stichverletzungen der Mundschleimhaut durch scharfkantiges Futter dringen hartnäckige Eitererreger in die Haut ein und führen zu großen Abszessen. Der Eiter ist bei diesen Abszessen voller Bakterien und daher auch für den Menschen nicht ungefährlich. Da bei fast allen Infektionen oft Fieber, Appetitlosigkeit und damit verbunden recht bald Siechtum eintreten, ist bei ersten Anzeichen rasch der Tierarzt aufzusuchen.

Hautpilz

Durch verschimmeltes Heu und den direkten Kontakt zu anderen Tieren wird Hautpilz auf Meerschweinchen übertragen. Erste Anzeichen dafür sind haarlose Stellen an Nase, Augen, Ohren und Lippen. Dieser Hautpilz ist auch für den Menschen gefährlich, weshalb im Umgang mit betroffenen Tieren Vorsicht geboten ist: Einweghandschuhe sind ratsam.

»Der Ältestenrat« könnte dieses Foto heißen, auf dem sich drei Angora-Meerschweinchen um eine Mandarine versammeln.

Meerschweinchen bekommen immer Zwillinge. Neben glatten und Angora-Haarformen gibt es auch struppige »Rosettenmeerschweinchen«.

Der Tierarzt behandelt den Hautpilz äußerlich oder verabreicht dem Tier Tabletten.

Hautparasiten

Häufige Hautparasiten des Meerschweinchens sind Haarlinge. Sie sind als weiße Stippchen im Fell des Tierchens deutlich zu erkennen. Die befallenen Meerschweinchen leiden unter starkem Juckreiz. Auch Räudemilben machen den kleinen Nagern schwer zu schaffen. Diese Milben leben in der Haut und bohren gefährliche Gänge. Sie verursachen eine Verdickung und Entzündung der Haut. Hautparasiten führen oft zu so starkem Juckreiz, daß das Meerschweinchen Krampfanfälle bekommt und im schlimmsten Fall durch Streß stirbt. Der Tierarzt kann durch Spritzen und äußerliche Mittel helfen. Es ist ratsam, auch den Käfig immer gründlich zu reinigen.

Futterverweigerung
Appetitlosigkeit beim Meerschweinchen ist deshalb ein dringendes Alarmsignal, weil es nach längerer Karenzzeit schwierig wird, den Nager wieder zum Fressen zu bewegen.
Die Ursache für Futterverweigerung sind oft ungleichmäßig abgeschliffene Backenzähne, die messerscharfe Spitzen bilden. Diese Zahnkanten bohren sich leicht in die Schleimhaut und verursachen beim Kauen große Schmerzen. Der Tierarzt kann die Zähne wieder begradigen. Dafür muß das Meerschweinchen allerdings meistens medikamentös beruhigt werden, da das Schneiden der Backenzähne sonst großen Streß für das Tier bedeuten würde.
Ein Maulgatter hält bei der Zahnbehandlung den Mund offen. Das Hantieren mit einer scharfen Zange im Maul ist ohne größere Verletzungen nur möglich, wenn das Tier absolut ruhig bleibt.
Zur Futterverweigerung führen aber auch Entzündungen, die durch zahlreiche Bakterien und Darmparasiten hervorgerufen worden sind. In jedem Fall sollte man bei sinkendem Appetit des Meerschweinchens bald den Tierarzt aufsuchen.

In freier Natur kommen mehrere Meerschweinchenarten vor. Der Stammvater des Hausmeerschweinchens ist das südamerikanische »Tschudi«. Die hier abgebildeten Südlichen Zwergmeerschweinchen gehören auch zur Verwandtschaft.

Obwohl Meerschweinchen den Menschen niemals beißen, so sind doch die Männchen untereinander recht unverträglich. Man sollte also eher ein Pärchen halten.

Bild rechte Seite: Besonders wohl fühlen sich die anspruchslosen Nager, wenn sie den Sommer in einem Gehege auf einer Wiese verbringen können.

Ballen-Abszesse

Bei gut- bis überernährten Meerschweinchen, die auf einem harten Untergrund gehalten werden, treten oft unter den Füßen Ballen-Entzündungen und -Abszesse auf. Das hohe Gewicht der Tiere belastet die Haut unter den Füßen so stark, daß sie anfällig gegen Verletzungen und Infektionen wird. Neben einer Änderung der Haltungsbedingungen, z.B. durch weichere Einstreu und Polsterung des Bodens mit Küchenpapier, muß die Wunde auch durch den Tierarzt antibiotisch behandelt werden.

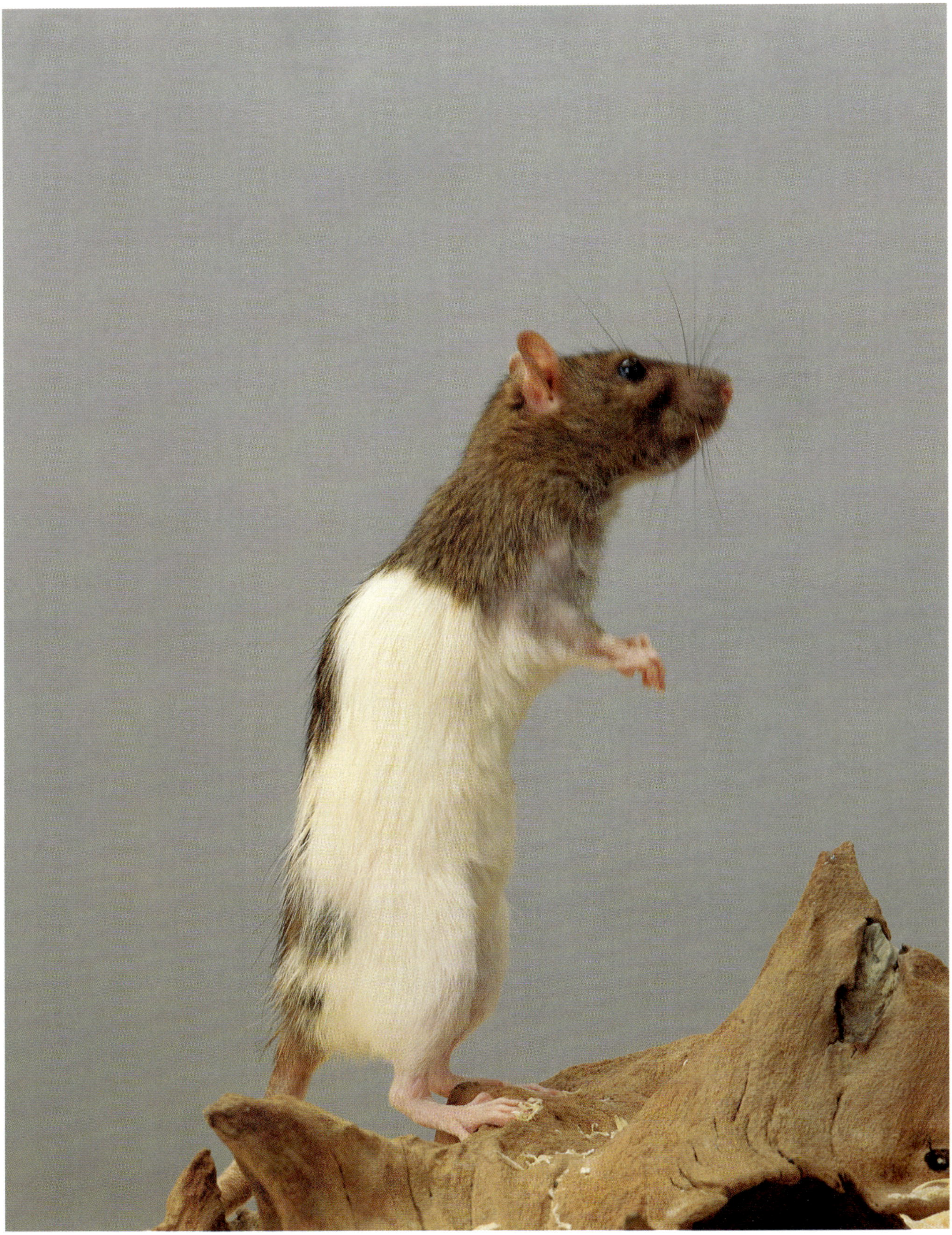

Die Ratte

Domestikation

Die Ratte wird erst seit kurzem als Heimtier gehalten. Dies hängt mit der jahrhundertealten Angst der Menschen vor der Ratte als Verbreiter der Pest und Überträger etlicher gefährlicher Krankheiten zusammen.
Die als Haustier gehaltene Ratte stammt von der braunen Ratte und speziell von einer Albinovariante ab, die im 19. Jahrhundert in Großbritannien in freier Wildbahn entdeckt wurde.
Albinoratten sind, ähnlich wie Mäuse, als Versuchstiere beliebt. Die heutigen Farbvarianten, die Liebhabern angeboten werden, reichen von creme-, mink- und champagnerfarben bis zu Scheckenratten. Die Fellarten sind glatt- oder wollhaarig. Schließlich gibt es noch die Haubenratten mit dunklem Kopf und Aalstrich.

Art und Wesen

Ratten sind wegen ihrer großen Lernfähigkeit und ihres freundlichen Charakters unter der Vielzahl von Heimtieren sehr geschätzt.
Ratten sind Rudeltiere, die in der Natur in engen Familienverbänden zusammenleben. Sie lieben es, die Körperwärme eines anderen Lebewesens zu fühlen – Körperkontakt ist für Ratten lebenswichtig. Wenn diese Tiere den Tag allein im Käfig verbringen müssen, verkümmern sie. Wer nicht genug Zeit mit seinem Nager verbringen kann, dem sei geraten, mindestens zwei Ratten zu halten. Hierbei vertragen sich zwei Tiere aus dem gleichen Wurf am besten. Gleichgeschlechtlichkeit verhindert unerwünschten Nachwuchs.
Eigentlich sind Ratten nachtaktive Tiere, sie werden jedoch durch Tagfütterung auch tagsüber aktiv.

Haltung und Pflege

Der Rattenkäfig sollte einen festen Platz in der Wohnung haben, der also nicht dauernd gewechselt wird. Eine ruhige, vor Sonneneinfall, Kälte und Zugluft geschützte Ecke ist am besten. Die Raumtemperatur sollte 7 °C nicht unterschreiten.
Die Mindestmaße eines Rattenkäfigs sind 55 cm Länge, 30 cm Breite und 25 cm Höhe. Für zwei Ratten sollte er eine Mindestlänge von 87 cm haben, eine Breite von 47 cm und eine Höhe von 72 cm. Auch die Unterbringung in einem Aquarium oder Terrarium ist für diese intelligenten Nager geeignet. Hierbei muß die Grundfläche für ein Einzeltier 55 x 30 cm und für zwei

Steckbrief

Gewicht:	bis 300 g
Länge:	30 cm
Trächtigkeitsdauer:	21 Tage
Lebenserwartung:	2,5 – 3 Jahre
Pflegeaufwand:	mittel

Bild linke Seite:
Die Ratte ist der große Kulturfolger im Tierreich: Sie hat sich auf das Leben und das Überleben in der Nähe des Menschen spezialisiert. Erst seit kurzem schätzen Tierliebhaber ihre Vorzüge als Heimtier.

Ratten sind sehr fürsorgliche Eltern, die sich bis zum Erwachsenwerden ihrer Jungen um sie kümmern. Dieser Zeitpunkt ist bei diesen Tieren übrigens schon nach 22 Tagen erreicht.

Ratten 90 x 50 cm betragen, bei einer Mindesthöhe von 30 cm. Grundsätzlich gilt: Je größer der Behälter ist, desto wohler fühlen sich seine Insassen.

Da spezielle Rattenkäfige noch nicht angeboten werden, haben sich große Hamster- oder Vogelkäfige bislang am besten bewährt. Man sollte den Käfig von außen mit Spanplatten verkleiden, wobei nur die Vorderseite mit dem Eingang frei bleibt. So bietet man den Tieren einen natürlichen, bauähnlichen Unterschlupf. Vorsicht: Gängige Käfigtüren können von den intelligenten Ratten problemlos geöffnet werden. Hier ist ein kleines Vorhängeschloß ratsam. Ein gut ausgestatteter Rattenkäfig ist in verschiedene Ebenen unterteilt und bietet seinen Insassen viel Abwechslung, zum Beispiel Klettermöglichkeiten wie Leitern, Schrägen, Röhren und herunterhängende Seile. Als Spielzeug dienen Wippen und Keramikröhren mit einem Durchmesser von 6 cm, die Ratten gerne zum Hindurchkriechen nutzen. Von einem Laufrad ist abzusehen, weil es das Tier in eine unphysiologische Haltung

zwingt und weil das Laufen im Rad zu Verletzungen des Schwanzes führen kann.

Ratten brauchen ein Schlafhäuschen, das am besten aus Keramik besteht. Holz oder Plastik würde zernagt. Die im Zoofachhandel erhältlichen Schlafhäuschen für Meerschweinchen haben für Ratten genau die richtige Größe.

Als Nagematerial bevorzugen die intelligenten Tiere getrocknetes Brot, Holzstückchen, kleine Äste, Nüsse und Hundekuchen. Nippeltränken sind die beste Möglichkeit, das Trinkwasser hygienisch sauber zu halten. Als Futternäpfe dienen Keramikschälchen.

Der Käfigboden wird mit Zeitungspapier ausgelegt, das mit einer etwa 3 cm dicken Schicht Hamster-Einstreu bedeckt wird. Mit Holzwolle wird das Schlafhäuschen ausgepolstert.

Die Urin-Ecken und der Kot müssen mehrmals in der Woche entfernt werden. Die gesamte Einstreu wird einmal wöchentlich gewechselt. Dabei wird der gesamte Käfig mit heißem Wasser gereinigt.

Die anpassungsfähige Ratte ist ein Allesfresser und keineswegs nur auf pflanzliche Nahrung spezialisiert. Süßes Obst frißt sie besonders gerne.

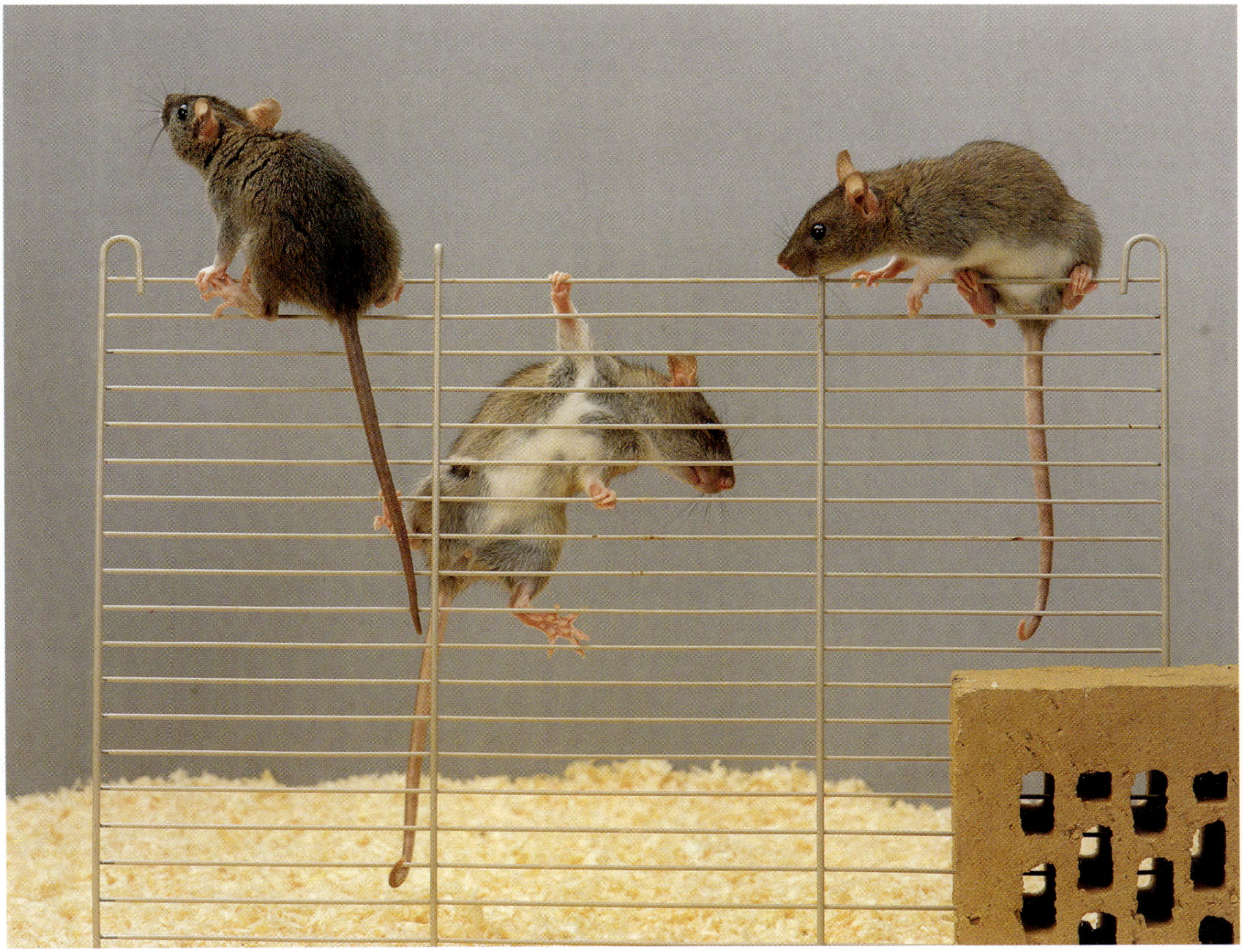

Ernährung

Ratten sind Allesfresser. Die Tagesration für eine Ratte beträgt 15 bis 20 g. Man füttert als Grundnahrung ein Komplettfutter (Ratten-Pellets oder Rattenbrot) und zusätzlich Obst, Gemüse, Käse, gekochten Reis oder Kartoffeln. Eine tägliche Ration von Heu oder Hafer verhindert Verdauungsstörungen, vor allem bei Jungtieren.

Süßigkeiten aller Art wie Bonbons oder Kuchen sind natürlich strikt verboten.

Sowohl das Futter als auch das Trinkwasser sollten immer frisch angeboten und täglich erneuert werden.

Krankheiten

Virale Erkrankungen

Die meisten viralen Erkrankungen betreffen vor allem Jungtiere in der ersten Lebenswoche. Erwachsene Ratten, die mit Viren infiziert werden, zeigen meist keine Symptome.

Eine bekannte Viruserkrankung der Ratten ist die Infektion mit dem SDA-Virus. Dieses Virus gefährdet Jungtiere im Alter von zwei bis vier Wochen. Die erkrankten Tiere niesen stark, und sämtliche Drüsen des Körpers schwellen an.

Die übermäßige Drüsenproduktion verursacht am Auge das klinische Bild der »roten Tränen«, das heißt, ein

Bild linke Seite:
Ratten sind große Kletterkünstler. Sie können leicht auf glatten Stangen balancieren. Ihr langer Schwanz hilft ihnen, das Gleichgewicht zu halten.

Bild oben.
Einzelhaltung wäre für die intelligenten und spielfreudigen Ratten eine Qual. Soziale Kontakte und das gemeinsame Erkunden der Umwelt sind für sie sehr wichtig.

***Bild oben:* Die ursprüngliche Heimat der Ratte ist Südasien. Dank ihrer Anpassungsfähigkeit war es ihr möglich, den gesamten Erdball zu bevölkern.**

***Bild rechte Seite:* Die Rattenmutter bringt nach einer Tragzeit von ca. 22 Tagen bis zu 12 Junge zur Welt. Bei Gefahr trägt sie ihre Kinder einzeln nacheinander in das nächste sichere Versteck.**

rotes Sekret läuft aus den Augen. Nach einer Woche bis vier Wochen genesen die SDA-kranken Ratten meist von selbst. Augentropfen und Antibiotika vom Tierarzt verhindern Komplikationen während der Genesungsphase.

Bakterielle Infektionen

Viele Ratten sind Träger von Bakterien, ohne daß eine Krankheit zum Ausbruch kommt. Vor allem bei Streß und Futterwechsel kann es aber doch geschehen, daß Ratten an bakteriellen Infektionen erkranken. Vor allem betroffen sind der Atmungstrakt, der Magen-Darm-Trakt, die Augen und das Mittelohr. In allen diesen Fällen kann nur der Tierarzt helfen.

Krebs

Die häufigste Todesursache bei Ratten ist Krebs. Er ist oft genetisch bedingt. Einbußen der Gesamtpopulation durch erblichen Krebs werden in der Natur dadurch ausgeglichen, daß Ratten sich sehr stark vermehren. Wenn die als Heimtier gehaltene Ratte im Alter von ungefähr zwei Jahren Zubildungen (Geschwüre und Wucherungen) am Körper bekommt, ist die Wahrscheinlichkeit, daß es sich um Krebs handelt, relativ groß. Heilbar ist diese Erbkrankheit nicht, und eine operative Entfernung ist nur eine kurzfristige Lösung. In diesem Fall ist es die Pflicht des Tierfreundes, den Zeitpunkt zu erkennen, zu dem das Tier zu leiden beginnt und

In einer Rattengesellschaft gibt es eine Rangordnung, die von jedem Tier befolgt wird. Freundschaften und Sympathien werden durch Spielen und gegenseitige Fellpflege aufrechterhalten.

es durch den Tierarzt von seinen Qualen erlöst werden muß.

Hautparasiten

Ratten sind zwar relativ unempfindlich gegen Hautpilze, Hautparasiten rufen aber ernsthafte Erkrankungen hervor. Massiver Befall mit Läusen oder Milben kann zu Blutarmut führen. Noch schlimmer jedoch sind die Folgen des starken Juckreizes. Ratten sind berühmt für das Phänomen der sogenannten Automutilation, der Selbstverstümmelung: Die Ratten kratzen und beißen sich so stark, daß großflächige und tiefe Wunden entstehen. Gegen alle Parasiten gibt es beim Tierarzt Medikamente. Die Reinigung des Käfigs ist bei Hautparasitenbefall unerläßlich.

Als Nagetiere haben Ratten die Angewohnheit, alles in ihrer Umgebung zu beknabbern. Wenn man sie im Wohnbereich frei laufen läßt, muß man darauf achten, daß keine Stromkabel angenagt werden können. Desweiteren ist es keineswegs so, daß Ratten nur dann zahm und anhänglich ihrem Pfleger gegenüber sind, wenn sie einzeln gehalten werden. Das einsame Leben in einem Käfig wäre für jede Ratte eine Qual. Ratten gehören zu den wenigen Heimtieren, die so stark auf ihren Pfleger geprägt sind, daß sie bei seiner längeren Abwesenheit Leid empfinden. Manche Tiere hören sogar auf zu fressen, bis sich der ihnen vertraute Mensch wieder um sie kümmert.

Der Skunk

Domestikation

Skunks zählen zur Familie der Marderartigen, mit schwarz-weißem, langhaarigem Fell und dem ihnen eigenen, strengen Geruch. Als Heimtier kennt man nur den Streifenskunk, der vor allem in Amerika sehr beliebt ist. Wegen der großen Nachfrage wird er in Pelztierfarmen gezüchtet. Im Gegensatz zur Wildform hat der domestizierte Skunk ein Fell mit breiten weißen Streifen. Die Begeisterung der Amerikaner für diesen Marder ist so gewaltig, daß jährlich über 8000 Exemplare in freier Wildbahn gefangen werden. Aber keine Sorge, der natürliche Bestand der Skunks ist nicht gefährdet.

Art und Wesen

Der katzengroße Skunk ist nachtaktiv. Er schläft in der freien Wildbahn tagsüber in einem Erdbau. Er ist ein Allesfresser, und seine Speisekarte reicht von Insekten, Würmern, Schlangen und kleinen Nagetieren bis zu vielerlei Pflanzenkost und Obst. Vor allem wird er als Ratten- und Mäusejäger geschätzt. Das Männchen ist etwas größer als das Weibchen.

Der Skunk heißt auch Stinktier, weil er in Notwehr sein übelriechendes Analsekret auf den Angreifer spritzt. Auf bis zu vier Meter Entfernung entwickelt er dabei eine bemerkenswerte Treffsicherheit – er trifft fast immer ins Gesicht. Wohl wegen dieser Fähigkeit sind Skunks ausgesprochen selbstbewußt und zutraulich und haben vor größeren Tieren und Menschen keinerlei Furcht.

Als Heimtiere werden sie acht bis zehn Jahre alt.

Haltung und Pflege

Als Jungtier ist der Skunk sehr umgänglich und leicht zu zähmen. Es wird jedoch auch berichtet, daß er nach anscheinend völlig gelungener Zähmung jede Chance zur Flucht nutzt und dann in Freiheit rasch verwildert.

Obwohl der Skunk nur in höchster Not seine Gegner bespritzt, ist es inzwischen üblich, vor der Haltung in der Wohnung oder in einer Farm die Analdrüsen operativ zu entfernen. Dies geschieht in der Regel, wenn das Tier fünf Wochen alt ist. Man sollte jedoch bedenken, daß man damit den Skunk seiner einzigen Verteidigungswaffe beraubt. Bei seinem Selbstbewußtsein werden dann seine Überlebenschancen sehr gering, wenn er in die

Steckbrief

Gewicht:	4 kg
Länge:	80 cm
Trächtigkeitsdauer:	bis 63 Tage
Lebenserwartung:	8 – 10 Jahre
Pflegeaufwand:	mittel

Bild linke Seite: Skunks oder »Stinktiere« werden bis zu 80 cm lang. Besonders in ihrer Heimat Amerika sind diese Marder zu sehr beliebten Heimtieren geworden.

Der Skunk ist ein Allesfresser, der sich in der Natur neben Früchten und Wurzeln auch von Kleintieren und Insekten ernährt.

Freiheit gelangt und z.B. auf einen aggressiven Hund trifft.

Zur Unterbringung genügt dem Skunk eine Schlafkiste in einem dunklen Teil des Raumes. Das lange Fell soll täglich gebürstet werden; bei Bedarf sind die Krallen zu schneiden.

Im Umgang mit einem nicht operierten Skunk kann man das Spritzen aus den Analdrüsen bei Erschrecken weitgehend verhindern, indem man den Schwanz des Tieres herunterhält. Auf bespritzten Flächen läßt man zur Abschwächung des Geruchs Ammoniakwasser oder Tomatensaft eintrocknen.

Wenn Spritzer des Analsekrets auf die Haut des Halters gelangen, hilft einigermaßen das Einreiben mit Zitronensaft.

Die Zucht der Skunks ist nicht einfach. Etwa acht Tage nach der Begattung sollen die Partner getrennt werden, weil das Männchen vom Weibchen andernfalls weggebissen und möglicherweise verletzt wird. Das Muttertier ist in der Säugungsphase gegen Störungen äußerst empfindlich und könnte die Jungen töten, wenn es sich beunruhigt fühlt.

Ernährung

So abwechslungsreich wie in der Wildnis sollte auch das Futter des Heimtieres sein. Als Grundnahrung empfiehlt sich ein Gemisch aus drei Vierteln Hundefertigfutter aus der Konserve und einem Viertel Hackfleisch. Ebenso gut hat sich Konserven-Katzenfutter mit einer Prise eines Vitamin-Minerals bewährt. Unter den Früchten bevorzugt der Skunk Äpfel, Birnen und Bananen. Eier in jeder Form sind für ihn eine Delikatesse.

Krankheiten

Virale Erkrankungen

Alle Marder gelten als potentielle Tollwutüberträger. Im Alter von vier bis sechs Monaten sollte ein junger Skunk zum ersten Mal gegen Tollwut geimpft werden. Weitere Impfungen erfolgen jährlich. Wird ein Skunk von einem tollwütigen Tier gebissen, so ist er mit Tollwut infiziert. An Tollwut erkrankte Skunks sind eine tödliche Bedrohung für alle Menschen, die sich in ihrer Nähe befinden, weil diese kranken Marder dann wild um sich beißen.
Auch die Staupe und die Katzenseuche sind Virusinfektionen, die den Skunk befallen und gegen die er geimpft werden sollte. Beide Krankheiten sind sehr bösartig und enden ohne Impfung für das Tier tödlich.

Bakterielle Infektionen

Zahlreiche bakterielle Erkrankungen werden beim Skunk durch verdorbenes Futter verursacht. Die Folge sind Apathie, Erbrechen, starke Abmagerung und Fieber. Eiterbakterien nutzen meist Verletzungen von Haut und Schleimhaut als Eintrittspforten und rufen hartnäckige Abszesse hervor. Bei allen bakteriellen Infektionen ist eine Antibiotika-Behandlung durch den Tierarzt unerläßlich.

Würmer

Skunks sind sehr empfindlich gegen eine große Anzahl innerer Parasiten. Eine Infektion erfolgt über verdorbenes Futter, Schlachtabfälle oder schmutziges Wasser. Außerdem sind Schnecken, die den Würmern als Zwischenwirte dienen und die eine Lieblingsspeise der Skunks sind, eine wichtige Infektionsquelle. Es ist also ratsam, den Skunk regelmäßig zu entwurmen.

Fellverlust

Bei Haarausfall mit Juckreiz kommen Haarlinge, Flöhe, Zecken und Milben als Ursache in Frage. Da vor allem die Milben auch für den Menschen eine Bedrohung darstellen, sollte man bei Anzeichen von Juckreiz bei seinem Pflegling nicht zögern, den Tierarzt aufzusuchen.
Kahle Hautstellen am Schwanz mit allgemeinem Juckreiz sind oft die Folge von einseitiger Ernährung und Mineralstoffmangel. Nicht selten zeigen die Skunks dabei auch Konditionsschwäche und Müdigkeit und bekommen Husten.

Die Paarungszeit der Stinktiere ist im Februar. In einer Höhle bringt das Muttertier nach einer Schwangerschaft von 64 Tagen bis zu 4 Junge zur Welt.

Impressum

Das große illustrierte Buch der Kleintiere

Umschlagfoto: Tierbilderarchiv Angermayer
Printed in Italy

ISBN 3-8118-1543-1

Bildquellen: Tierbilderarchiv Angermayer;
Reinhard-Tierfotos; Franz Pfeffer; Karin Skogstad;
Michael Mettler; Axel Gomille; Heinz Schrempp;
Manfred Danegger